中國轉型六問

富國強兵之外

陳宜中

目 次

建設性的憂思

錢永祥

　　這本書是繼《中國關鍵七問：憂思者的訪談》之後，陳宜中先生對中國知識分子一系列訪談的又一冊結集。延續前一集的核心問題意識，收在本書內的六篇訪談繼續探討中國在「崛起」形勢中所面對的矛盾與迷惘，也為中國的崛起提供建設性的思考方向。

　　中國自從進入改革開放時期以後，經濟發展的速度驚人，連帶帶動整合國力，在國際上的分量越來越有感，逐漸將中國推進「大國」的行列。2006年央視推出《大國崛起》紀錄片十二集，將「中國崛起」的意識傳遍全中國。2008年主辦奧運會，則儼然面向世界宣示了「崛起」的雄圖。另一方面，美國記者兼作家雷默在2004年首創「北京共識」一詞，立刻引起北京學界的呼應，次年由中國社科院召開研討會，「北京共識」蛻變成「中國模式」，試圖為中國崛起的意向經營出一套理論論述。2009年世界金融危機爆發，西方資本主義陣營狼狽不堪，更讓中國的崛起及其「模式」信心倍增。從此，中國作為世界大國之一的態勢，獲得了普世（即使在不同的個別方面上不無保留）的承認。

　　中國作為世界上人口最多而文明久遠獨特的一個國家，只要取得適當的發展機會與發展成果，成為「大國」理所當然。不過中國在崛起過程中逐漸浮現出一種自我期許，就是這一番振衰起疲不再屑於追英趕美，憑成功的模仿者身分加入大國俱樂部，而是志在振興發揚另一種文明型式，塑造一套「具有中國特色」的獨特政治制度與政治價值，進而從中國的角度重新安排世界秩序。可是「中國特色」是由什麼成素構成的，到目前為止還在摸索之中，這一代中國人在所謂「中國模式」之下的發展付出了高昂的代價，也鮮見理論家正視。因此，所謂中國崛起，在富國強兵之外還追求什麼價值，也仍然曖昧不清。無論如何，中國崛起的歷史意義重大，尤其它對整個世界即將造成的衝擊驚人，面對這樣的劃時代變局，無論中國人本身還是世界上的其他社會、其他民族，都有義務——也更有權利——嚴肅以對，積極關注此一崛起會走上什麼道路，呈現什麼面貌。

　　《思想》自許為一份各地華人知識分子共享的思想性刊物，一向盼望加強關於中國的互動討論，尤其重視中國大陸內部知識界的各樣意見。一個強大的中國當然不能只是經濟與軍事上的強權，而是必須坦誠地學習處理無數棘手的問題：中國應該向什麼方向發展？在一個已經不相信革命的革命／執政黨專政下，要如何重建體制的正當性？如何鬆緩國內官民、階級、民族、區域、性別的諸多矛盾與緊張？如何處理與周遭近鄰的關係？又應該在世界上扮演什麼角色，發揮什麼「大國」應該承擔的貢獻？最需要直言不諱的問題是：中國作為大國，願意促進國內與世界的和平與人道發展嗎？中國的崛起，有足夠的警覺不去重蹈此前所有大國崛起（尤其是20世紀初日本與德國崛起）的昂貴代價嗎？這些問題，中國的知識分子不能迴避，生活在周邊中文社會的我

們，也一樣不能迴避。

　　有懍於這一系列問題亟待清理，從2009年起，《思想》的編委陳宜中開始對中國大陸一些具有突出公共意義的知識人進行訪談。這些受訪者對於國家前途與民間苦難抱持著悲憫與焦慮的心情，宜中曾借用錢理群先生的字眼，冠以「憂思者」的通稱，深得其精神面貌的神髓。但更需要強調的是，在這個舉國若狂的「崛起年代」從事「憂思」，面對權力的箝制與思想界的種種逆流，仍能冷靜地發揮熱情，不惜在一片火樹銀花的盛世景觀中危言逆耳「啞啞的啼」，在悲觀心情下對未來寄以審慎樂觀的希望，說明這些憂思者尚具有另一項精神資質，一種踏實的理想主義，一種發自責任倫理的承擔意識：他們的憂思並不是消極的質疑、批評、否定，而是以「建設」為出發點，所關注的是如何在中國建設有權有責的政治體制，建設公平開放的社會關係，建設自主而活潑的大小社群，也包括建設進步多樣的文化理念與社會價值。「建設」一詞借自本集中對陳子明先生的訪談。這是他生前最後一次的暢談明志，其中他自許為「建設性的反對者」。其實「建設性」一詞背後的「蒼生為念」悲願，正說明了中國這一代憂思者堅守責任倫理的終極推動力量。我們在此借用，也表達宜中與《思想》同仁對於陳子明先生的敬意與追念。

導言

　　《思想》季刊自2009年起，開闢了一個當代中國知識分子的訪談系列，力求深度呈現受訪者的中國考察。這些訪談在《思想》刊登之後，經由網路媒體的轉載，引起華人知識界頗多迴響。為了促成更多的對話討論，也為了方便讀者在各篇之間交互參照，我們決定把階段性的成果集結成冊。

　　本書是訪談系列的第二本合輯。第一本合輯《中國關鍵七問》已於2013年由聯經出版，收入2009-12年的七篇訪談，受訪者是錢理群、秦暉、許紀霖、于建嶸、袁庚華、陳明、高放。本書收錄2012年至今的六篇訪談，受訪者分別是朱嘉明、王力雄、吳思、陳子明、笑蜀、莽萍。

　　推出這個訪談系列，跟我們的價值期許是有關的。北京奧運標誌著中國的崛起，但崛起成為哪一種中國？是還權於民、還富於民、政治清明、善待弱勢者、敦親睦鄰的中國，還是富國強兵壓倒一切、恃強凌弱的中國？2012年底中共領導人換屆，在反腐和中國夢的主旋律下，對公民自由的壓制節節升高，國家主義成為國王的新衣。面對這樣一種「歧路」，提出分析和警醒自是責無旁貸。

　　崛起中國以其龐大的能量，動見觀瞻。中國種樹，旁人乘涼；中國砍樹，旁人遭殃。無論中國大陸如何演變，台灣首當其

衝，不可免地深受影響。正因為如此，與其被動地旁觀大陸的變化，我們覺得另一種選擇是可能的，亦即：主動參與大陸知識界和公民社會關於中國走向的論辯，在此過程中積極注入自身的關切，以共促進步。這是立足台灣的《思想》季刊的自我期許，中國訪談系列則是其中一項嘗試。

系列訪談以受訪者長期關注的議題為本，期能在兩萬字左右的篇幅，將其思路清楚地呈現出來。身為提問人和編修者，我的任務是替讀者旁敲側擊、反覆詰問，以求深入聚焦。每篇訪談都經過多次來回修訂，最後由受訪者確認定稿。

各篇訪談概要

朱嘉明訪談〈中國改革的歧路〉首發於2012年底，時值中共換屆。朱先生曾是趙紫陽主政時期的經濟幕僚，名列「改革四君子」，後因六四事件而流亡海外。在這篇訪談中，他對六四後的中國政經發展，提出一組全面的結構性分析，診斷其主要的危機趨勢。他直指中國改革已經走上了歧路，應以1980年代胡耀邦趙紫陽的改革遺產作為共識基礎，重啟真正的經濟改革和政治改革。

朱嘉明表示，中國當前問題不單是政治改革滯後於經濟改革，而是經濟與政治都背離了改革初衷。六四後的經濟路線，造就了國家對金融資源、對資本市場的高度壟斷，連同能源、資訊和基礎設施三大領域的壟斷。這是中國特色的國家壟斷資本主義，在排擠民間中小企業之外，亦與權貴資本主義和門閥資本主義相結合，創造出一種奇特的政經變異。正因為中共徹底封殺了政治改革，中國也才會迅速走向國家壟斷、特權橫行的經濟格

局。

按朱先生的分析，中國國民經濟的要害在於三大過剩，即人口過剩、生產過剩與資本過剩。由於私有經濟受到壓抑，解決就業問題的主要手段就是以國家為主體的投資。人口過剩所產生的就業壓力，意味著即使產能與產品過剩，也仍要繼續擴大投資。但中國居民的實質收入增長較慢，社會安全保障也相當有限，居民消費能力遠低於生產能力。在此情況下卻仍要繼續印鈔票，讓資本繼續膨脹，形成更大產能。這是「寧熱勿冷」的中國經濟的最深刻矛盾。跟政治上的嚴防死守亦是有關的。

但「歧路」終究不可持續，需要及早對整個政經制度展開變革。在朱先生看來，這包括打破國家壟斷和特權利益，邁向公平競爭的現代市場經濟，縮小貧富差距，實現機會平等和社會正義，建立一個受到監督制衡的憲政民主政府。

王力雄訪談〈為中國尋找方法〉聚焦於兩項主題：一是「遞進民主」；另則是西藏和新疆的民族衝突。王先生是大陸知名作家，警世小說《黃禍》的作者，中國「自然之友」的發起人之一。自1990年代以來，他高度關切西藏。

王力雄指出，直到2008年三一四事件之前，西藏獨立還不算是一個真實議題；但「反分裂集團」（專責少數民族的維穩利益集團）的應對方式，形同火上澆油，強力激化了藏獨意識。在新疆，自2009年七五事件後，維吾爾族的獨立願望更是高漲。近年的強力維穩，如同一則自我實現的預言，愈是維穩反分裂，民族衝突就愈嚴重。在急遽升高的民族對立下，中國民主如何才能軟著陸？這是王先生特別關心的議題。

他表示，中共至今拒絕民主化，但這個檻是繞不開的。如果中國能實現代議民主，那比專制要好得多。然而，代議民主未必

是唯一可行的民主制度，也不見得最為理想。在代議民主制下，政黨為了贏得選票，大都一味迎合選民的消費欲望，致使生態危機得不到有效遏制。如果把民族衝突也納入視野，則在中國民主化過程中，多黨競爭的「廣場效應」恐令獨的更獨、統的更統。民主化伴隨著政治鬆動，但民族衝突若因黨爭而走向極端，新興民主將危如累卵。

　　因此，要在中國兌現自由和民主，實現平穩的政治轉型，可能需要一種有別於主流代議制的、但務實可操作的「方法」。按王先生的「遞進民主」設想，所有選區都大幅縮小，縮至可溝通範圍，所有選舉都是小規模選舉；從下而上，由最基層選區選出代表到更上一層擔任委員，以此類推；每一層的代表和委員都經民選，且隨時可以改選。他申論，這個方法可望克服代議民主的弊端，尤其避免政治極端主義的危害。

　　吳思訪談〈潛規則與憲政民主〉除了闡發「潛規則」等思路，亦觸及中國的憲政民主未來。吳先生是潛規則一詞的創始人。他年輕時是一位極左派，曾努力把毛澤東的人民公社付諸實踐。1980年代任職於《農民日報》，熟悉三農問題，六四後投入歷史研究。他發現，農民苛捐雜稅遠高於規定稅率的現象，早已載入了史冊。由此，他發展出潛規則概念，以分析中國的官民關係、官和官的關係，以及官和上級之間的關係。潛規則是指公開法度之外的運作規矩，諸如以權套利、送禮、回扣等錢權交易規則。

　　中國歷史上的潛規則，又都跟暴力因素密切相關。基於此，吳思進一步提出「血酬定律」，和暴力最強者說了算的「元規則」，以界定秦漢至今的中國「官家主義」體制。官家主義朝代的平均壽命甚短，而暴力統治集團的每次更替，都付出極大的社

會代價。就此而言，中國理當建立長治久安的憲政民主制度。

吳思曾任《炎黃春秋》總編輯至2014年。該刊是大陸體制內民主派或開明派的言論代表，長期呼籲政治體制改革，倡議憲政民主。儘管言論溫和，但在最近一波政治緊縮中，仍受迫改組。

吳先生認為，中國實現憲政民主的主要障礙，在於既得利益者的抵制。後者擔心的是清算。但民主轉型有不同道路，由政府主導的改革路徑（如台灣）全都沒有清算。易言之，如果既得利益集團想通了，主動政治改革，舊帳也就不會被清算。他提出「用特赦交換憲政和民主」，即試點地區若推動轉型有功，該區官吏的舊帳就不再過問。如果不清算有助於轉型，則清算可免。然而，中國的階級鬥爭曾令數千萬人喪生，轉型之後理應「永誌不忘」，向後代發誓永不再犯。

陳子明先生在1976年參加四五運動，歷經《北京之春》民刊運動、北京高校競選運動，1980年代投入民間文化事業，直到1989年5月被捲入學潮，成為六四判刑最長的知識分子。在文革後的中國，他是憲政民主思想的先行者，率先提出「憲政國家」目標。1994年啟用「中國政治反對派」、「負責任的建設性反對派」等概念，主張反對派致力於政治對話、時政批評、立法倡議、歷史撰述和籌備參選，並著手擬定各項政策，深入國家建設的具體面。

陳子明訪談〈建設性的政治反對派〉直指「改革已死，憲政當立」。政治反對派的責任是引領中國走出專制，以憲政民主再造中國。2012年他為文闡發梁啟超和章太炎的「革政」思想，取其政體革新之意，力陳唯有建設憲政民主新政體，方能「以革政挽革命」。2013年11月三中全會前後，他發表多篇文字，強烈質疑當局的新國家主義和群眾路線。陳先生在訪談中表示，由於執

政者並沒有表現出「革政」意願，反對派自當堅定不移地提出批評，同時積極聯合、擴大憲政民主運動的社會層面。只有當更廣泛的社會力量紛紛加入，才能真正撼動現行的國家主義體制。

不幸的是，陳先生已於2014年10月病逝於北京。〈建設性的政治反對派〉可能是他生前的最後一篇訪談，出於健康因素，部分議題未能更充分展開。在這篇訪談之外，讀者可參閱共十二卷、數百萬言的《陳子明文集》。

笑蜀訪談〈公民運動與中國轉型〉分析大陸公民運動的社會背景和動力，及其當前所面臨的困境。笑蜀先生原是中國現代史學者，專攻中共黨史；後因政治壓力離開學界，成為大陸著名評論家，曾任《南方周末》評論員。他的時政評論廣見於國際各大媒體，近年致力於傳播中國公民運動的理念。

笑蜀指出，約在2002-03年之後，隨著寡頭利益結構的鞏固，中國進入了社會衝突的高發期。利益結構的全面失衡，加以法治管道的封閉堵塞，致使群體性事件急遽增加。一開始，抗議事件（如抗議強制拆遷或環境污染）多呈現為受害者的利益訴求。當局或者以人民幣解決問題，不然就動用不受法律約束的高壓維穩。在此互動中，部分民冤、民怨逐漸導致了權利意識的萌芽。發展至今，新興的權利訴求相繼出現，年輕人的權利意識又要更強。維權律師和NGO的介入協助，各種民權的公開倡議，可謂順理成章。

但2006年以降，壓力維穩節節升級，包括對訪民的壓制，對公共輿論和媒體的整肅，對NGO和維權人士的關押迫害等。進入2013年後，「新公民運動」的骨幹和發起人許志永，紛紛遭逮捕定罪，新一波的政治寒流來勢洶洶。笑蜀表示，中國公民運動本來就不可能一帆風順；由於力量太不對等，如果統治者決心鎮

壓，公民運動必然受挫。但這也給了他一個啟示，即中國的公民
力量還不夠成熟，還沒有足夠堅實的社會基礎。他的反思是，公
民運動應從現實中的具體議題切入，以「組織化維權」為目標，
聚合新興的社會行動力。以此為本，倒逼體制分化，匯聚體制內
外力量，以促中國未竟的憲政轉型。

　　莽萍先生長期致力於自然和動物保護教育，並參與推動中國
動保法律的修訂。她發起成立「護生學社」，主編「護生文叢」
系列叢書，引介動物福利和動物權利觀念，同時結合本土的佛教
和儒家思想資源。另主持民間調查專案「中國動物園觀察」，積
極投入動保的社會實踐。

　　莽萍訪談〈動物保護事業在中國〉從個人的經驗和體會娓娓
道來，為讀者勾勒出大陸動保運動的宏觀圖像。從野生動物的野
蠻利用問題，到密集式飼養動物的處境，乃至動保立法和修法的
概況，流浪貓狗的救援、食用貓狗的爭議，以及動保意識和動保
團體的發展等，莽萍從局內人的切身觀察，做出了生動剴切的評
估。無論讀者對動保議題有何定見，大概都很難不被她的精神打
動。

　　在中國大陸，莽萍是動物福利概念的推介者之一，並譯有
Tom Regan的動物權名著。她熟悉西方動保思想，推崇辛格的開
創性貢獻。但她認為，傳統的觀念如仁、不忍、惻隱之心、慈悲
心等，仍有不可取代的價值。現代中國歷經天翻地覆的社會和文
化革命，再加上改革開放以來「一切向錢看」，倫理和宗教傳統
大都失落了。「很少社會像今天的中國這樣，人對一切都無所畏
懼，內心毫無約束。如果再失去不忍之心，後果真是很難想像，
而且不只是對動物而已。因為，對動物的虐待也直接呈現出整個
社會的精神狀態和暴力程度。」

躍然於這篇訪談字裡行間的，不只是動物福利、動物權利等現代性話語，更多的是慈悲和不忍之心。莽萍問，如果一個社會對欺壓弱者習以為常，怎麼會善待動物？反之，對動物的苦痛和基本需要，若能有更多一點仁慈，凌虐弱者的戾氣是不是也會降低？如果我們想要得救，「從保護非人類生命開始做起應該是一個有效途徑」。

致謝

受訪的大陸師友一再不厭其煩地容忍我的反覆提問和編輯要求，從先期溝通、訪談錄音、形成初稿、來回修訂直到確認定稿，付出了大量的時間和精力。這樣的磨合過程，短則半年一年，長則兩年三年。感佩之餘，請容我以此書作為回報。

我還要向《思想》主編錢永祥先生和聯經發行人林載爵先生敬致謝意。沒有他們的長期支持，這個訪談系列不會啟動，更不會持續至今。聯經總編輯胡金倫先生主持本書的出版事宜，非常感謝他的專業協助和建議。

此外，在各篇訪談的形成過程中，兩岸三地不少朋友提供了不可或缺的支援，謹在此一併致謝。

中國改革的歧路

朱嘉明訪談

朱嘉明

1950年出生，北京人。1964年就學於北京男十三中，1968年至1978年，先後在西藏、黑龍江和山東務農做工；1978年考上中國社科院工業經濟研究所後，在完成碩士和博士學位的同時，參與創建國務院技術經濟研究中心，擔任河南省經濟體制改革委員會副主任，中國國際信託投資公司國際問題研究所副所長，中國西部研究中心、北京青年經濟學會、中國改革開放基金會負責人，暨《中青年經濟論壇》主編。1989年6月後，流亡海外，一度擔任海外民運負責人。1993年退出民運，在麻省理工學院斯隆管理學院完成MBA；先後在澳大利亞、東南亞創業經商。2000年之後，擔任過聯合國工業發展組織的經濟學家；任教於維也納大學至2014年，現任台灣大學建築與城鄉研究所客座教授。主要著作有《國民經濟結構學淺說》、《現實與選擇》、《論非均衡增長》、《朱嘉明文選（三卷）》、《從自由到壟斷：中國貨幣經濟兩千年》、《中國改革的歧路》。

一、早期經歷

陳宜中（以下簡稱「陳」）：是否可以從您的家庭背景談起？

朱嘉明（以下簡稱「朱」）：我是漢人，但朱家在清朝卻是「在旗」的，據說是正藍旗或者鑲藍旗。到我曾祖父那代為止，朱家在清朝是沒有實權的官員。曾祖父似乎與頤和園1894年前後的建設有極大關係，所以，爺爺是在頤和園裡長大的。北京豐台地區有個叫做「朱家墳」的地方，以及北京釣魚台一帶，就曾經是朱家祖墳。遺憾的是家譜在文革期間毀之一炬。

我爸爸1913年出生，我母親1917年出生。我有兩個哥哥，一個姊姊。大哥1935年出生，二哥1940年出生，姊姊1938年出生，接下來還存活的就是我。父親從我4歲時就長期在外，所以我與母親相依為命。

陳：北京對您意味著什麼？

朱：文化革命之前的北京對我是刻骨銘心的。我家住在景山前街一帶，西邊是北海，東邊是景山，南面是故宮。我在小學期間，幾乎每天都要去北海和景山。在那個年代，北京的城門還殘留著，從北京城裡很容易看到西山，在西直門外還有水稻田，街坊四鄰中不乏前朝遺老遺少。在我的流亡生涯中，想到北京，就想到老舍的話：要落淚了，真想念北平呀！

陳：您在初中二年級，文化大革命就開始了。可否談談文革經歷？

朱：1966年6月，文化革命開始不久，劉少奇和鄧小平就組織工作組進駐北京的中學。但在工作組進來之前，學生已經自組織，每個班、每個年級都成立了「文化革命領導小組」，我被推選為初二年級的領導小組組長。

　　不多久，毛澤東從湖南回到北京，工作組很快撤走。幾乎是同時，所謂出身好的中學生開始控制所有中學的權力。1966年7月8日，我的初二年級文革組長的權力被罷免，而且遭到長時間批判。在整個北京市的中學，文革變成由「老兵」主宰，譚力夫的「老子英雄兒好漢，老子反動兒混蛋，基本如此」的對聯衝擊了中學和大學，導致關於「血統論」的激烈辯論。1966年8月，在我們學校（北京男十三中）的高三二班，與北京四中的代表進行了辯論。四中來的包括不久之後在「西糾」和「聯動」中的風雲人物，至少有後來成為中信集團董事長的孔丹，還有薄熙來的哥哥薄熙永。他們給我的印象是發育良好、器宇軒昂，有的穿著父輩的那種衣服。辯論涉及到諸如革命的根本問題是什麼，四中提出政權問題，十三中主張農民問題。辯論結果是：「血統論」難以成立。

　　王超華（以下簡稱「王」）：那是學校對學校，還是派系對派系？

　　朱：那時還沒形成什麼派系，是學校對學校。但是很快的，在1966年8月，文化革命進入了「紅色恐怖」階段。從所謂的「破四舊」開始，接著是抄家、抓人、批鬥、打人，被打死和自殺的情況到處發生。

　　陳：在北京的中學文化革命中，哪些事件的影響較大？

　　朱：應該是遇羅克的〈出身論〉。遇羅克本人並不是中學生，但是在1966年末和1967年初，他的〈出身論〉發表在只出了兩期的《中學文革報》上，所造成的影響是後人不可想像的。遇羅克的文章，易懂而雄辯，在批判血統論的表象背後，是對人權和人的尊嚴的捍衛。所以，即使在文革時期，統治者也絕不容遇羅克這樣挑戰其思想體系和意識型態的人。《中學文革報》很

快遭到查封，遇羅克本人也被投入監獄，拖到1970年初被處決了。

按照當時的分類，我既非紅五類也非黑五類。對於我們這樣的人來說，天然反感血統論。但是，遇羅克對我們的影響超越了對血統論的批判。遇羅克批判血統論，是因為他已經意識到中國存在「世襲」的可能性。今天的所謂「太子黨」問題，其實是「血統論」的一種歷史延伸。

1967年春天，毛澤東有個「三七批示」，內容是要復課鬧革命。復課鬧革命的前提是對所有中學實施軍訓，其實就是軍管。到了1967年3月，整個北京的中學徹底被軍事接管。與此同時，所有的「老兵」即老紅衛兵，從監獄或者拘留所裡統統釋放。當時的北京衛戍區司令李鍾奇在釋放他們的時候，發表了「要高幹子女接班」的講話，結果導致北京中學生的歷史性分裂，出現了「四三派」和「四四派」。

王：「四三派」、「四四派」和「老兵」的關係是什麼？

朱：當時，「老兵」泛指一切在文革初期毛澤東支持的「老紅衛兵」，以及後來的「聯動」。「聯動」的全稱是「紅衛兵聯合行動委員會」。

「四三派」、「四四派」的出現和「老兵」是有關係的。上面所說的李鍾奇的講話，很快傳播到北京各個中學。在幾天之內，很多中學生走上街頭反對李鍾奇，「打倒李鍾奇」的標語貼遍了北京城。這是一個巨大的能量，任其發展下去，勢必導致「復課鬧革命」和「軍訓」失敗。所以，中央文革小組很害怕，4月3日就在人民大會堂，召集中學生代表開了一個會。這個會上，中央文革的主要成員嚴厲批評了李鍾奇，陳伯達用福建話說李鍾奇的思想是「龍生龍，鳳生鳳，老鼠的兒子會打洞」。由此而形成

「四三派」。

第二天，4月4日，中央文革為了平衡中學生的不同政治力量，又接見了另一批中學生代表，於是形成了「四四派」。四三派一般都是知識分子出身，不屬於黑五類（即地主、富農、反革命、壞分子和右派），也不是紅五類（即革命軍人、革命幹部、工人、貧農和下中農）。四四派一般都是工農或者幹部子弟。我是四三派。

在四三派、四四派之外，還有老兵。此時「聯動」重新復活。北京各個中學在1967年4月之後，或者被四三派主導，或者被四四派主導。那年夏天，四三派、四四派以及老兵之間的文鬥和武鬥開始趨向激烈。因為武鬥，北京中學生中還死了一些人。今天想起來，還是很傷感。在1967年，北京中學生的各個派別還都組織了合唱團。我們中學高三有一位叫楊小陽的「老兵」，被稱為「聯動」的央行行長。據說他為了組織合唱團，截留抄家的現款和存摺。有人說全部金額在20萬左右。在1970年代，大學畢業生的一年工資不過是7、800元，20萬相當於280年的總收入，無疑是一筆鉅款。在1960年，中國發生過著名的趙守一事件，主犯因為騙取20萬人民幣而被處決。

陳：「四三」、「四四」與「聯動」，除了社會成分的差異外，有沒有政見分歧？

朱：「四三派」和「四四派」的分歧相當深刻，涉及到中國社會是否要以家庭出身作為等級基礎，以及共產黨政權是否只能由自己的子弟接班。那時，核心問題就是「中國這個國家，究竟誰是接班人？」四四派認為，這是工農的天下，當然是工農子弟接班。毛澤東也注意到了血統論問題。1967年，在一次中央會議上，毛澤東向與會者推薦了〈觸龍諫趙太后〉一文，提出只有嚴

格要求子女，才能避免資本主義復辟。不言而喻的，毛認為自己的子弟接班時，只是要避免「君子之澤，五世而斬」。我做的第一次政治性演講，是在1967年7月，地點是中國音樂學院。我用法國大革命的理論去解釋文革，題目是〈四三、四四派的起源及其在歷史上的影響〉。那時我16歲。

陳：當時北京的中學有「造反派」嗎？

朱：我始終沒有用「造反派」一詞，因為這是個很模糊的概念，至今難以定義。歷史的真實是，「造反派」中有極端的毛主義左派，還有以造反為名，實際上要挑戰共產黨建立的政治制度的右派。右派在文革後期「清理階級隊伍」的運動中遭到嚴厲整肅。極端的毛主義左派，在文革結束之後，被定義為跟隨「四人幫」進行「打砸搶」的壞人，基本被打入十八層地獄。

陳：中學生文革是如何收場的？

朱：文革到了1967年秋天以後，已是強弩之末。隔年，全中國的中學生開始上山下鄉。伴隨中學生的上山下鄉和工廠務工，以「老三屆」為主體的中學生與大學生的文革告一段落。

「老三屆」是指在1966年文革開始時的初一至初三，高一至高三，大一至大三的學生。他們的出生年代大約是1945-46年至1952-53年。上山下鄉，間接影響了中國今日的政治生態。因為文革中分派別，各自都集結去一個地方，於是就形成了一塊一塊，為日後留下了不同的種子。中國共產黨十八大之後的黨和國家領導人的主體就是「老三屆」，而「上山下鄉」是「老三屆」最重要的人生經歷。

陳：您個人去了哪裡？

朱：我先去了西藏，又轉到黑龍江，再去了山東。去西藏是我們一些志同道合的同學的自願選擇，不是國家安排的。我們帶

了大批的書前往西藏，有機會大規模地狂讀些書。晚上還收聽
「美國之音」。要知道，文革期間，收聽「美國之音」就是觸犯了
收聽敵台罪，是要坐牢的。後來，因為西藏高原缺氧，我的十個
指甲全部癟了，而且聽說漢人很快就會得心肌炎。於是我就決定
離開西藏，去了黑龍江。

　　黑龍江生產建設兵團是經過毛澤東1969年6月18日批示成立
的。我在黑龍江兵團的時間是1969年9月至1975年12月。在這
六個寒暑中，我學會了各種農活；還因為完成了批判《蘇聯政治
經濟學教科書》的長文章，導致我最終選擇了經濟學家的道路。
在山東，我大部分時間是在膠南縣的一個軍港建設工地度過的。
在那裡，我獨立完成了80萬字的《中國社會主義政治經濟學》。
這是根本不可能出版的書，但是，這本書的寫作過程使我對中國
各個經濟部門有所研究，這對我在1978年參加研究生考試是有益
的。

二、回顧1980年代

　　陳：您為何選擇了中國社會科學院的工業經濟研究所？

　　朱：回憶起來有兩個主要因素：其一，經歷了文革十年，對
於中國社會有了非常實際的了解。我是個注重實踐的人，相信中
國需要現代化，而現代化主要是工業化，工業經濟與工業化關係
緊密。其二，工業經濟研究所成立於1978年4月，生機勃勃。例
如，所長馬洪，1920年出生，曾經是「高崗反黨集團」的「五虎
上將」之一。他是經濟改革啟動時期的一位領軍人物，當時也不
過60歲左右。副所長蔣一葦、黨組書記陸斐文都是有資歷的傳奇
人物。朱鎔基也是工經所的。他們都參加過1950年代第一個五年

計畫的實施，對中國的工業和國民經濟運行非常熟悉。

　　陳：有您在內的「改革四君子」上書，是否是您直接參與改革的契機？

　　朱：我參與經濟改革首先是因為馬洪。1979年，國務院組織了四個小組，著手經濟改革的研究，我參加了其中的一個小組叫「經濟結構組」，第一次全面了解中國宏觀經濟的歷史、演變和問題。由此，開始有了自己的一些主見。

　　至1980年，中國長期積累的各類國民經濟問題全面顯現。人們在如何面對「改革」和「調整」的關係上頗有分歧。這年秋冬，我試著用當時所學的宏觀經濟學，以及在「經濟結構組」領悟的結構分析方法，而不是傳統的政治經濟學語言去分析當時的國民經濟形勢，形成了一篇很長的東西。在寫作過程中，與同班的黃江南多次討論。黃江南在經濟問題上有很多創見，他是中國第一個人，按照自己的方法，提出了和科爾奈（János Kornai）短缺經濟學相同的結論。而我們那篇東西的本質，就是建立在短缺經濟學理論上。但是，黃江南的弱點是動筆不勤快，不能將自己的想法變成最終產品。又因為這篇大文章涉及中國的農業問題，黃江南建議找翁永曦。

　　1970年代末，翁永曦回到北京，先在《農民報》，後遇到中國農業經濟改革的重要人物杜潤生這個伯樂，被調進「農村政策研究室」工作。翁永曦除了熟悉農業、農村和農民之外，還有歷史大視野，曾經提出過「中國百年復興」設想，很為胡耀邦賞識。有了翁永曦的加入，這篇文章進一步充實。之後，因為林春或者李銀河的建議，又結識了在中國社會科學院近代史所民國研究室工作的王岐山。此時，我們四人的領域包括了工業、農業、歷史和國際關係。所謂的「改革四君子」的組合就是這樣。最後

定稿的文章題目是〈關於我國當前經濟形勢和國民經濟調整的若干看法〉。

　　陳：這篇文章的主要思想是什麼？為經濟決策的領導人接受嗎？

　　朱：這篇文章的思想其實很簡單：1980年前後的中國經濟面臨著實體經濟和經濟制度的雙重問題。我們用「結構性經濟危機」概括當時的國民經濟形勢，認為這是長期實行僵化的計畫經濟制度的必然結果。進而分析「結構性經濟危機」的機制，得出中國面臨的根本性問題是社會總需求全面超過總供給，能源供給不足和財政收入低下是那時國民經濟最突出的薄弱環節。因此，需要通過政府干預，刺激短線部門發展，實行有限的和積極的財政政策以避免蕭條，容忍一定水準的通貨膨脹，調整人民幣匯率以擴大出口。

　　這篇文章得到了姚依林、陳雲和趙紫陽的支持。趙在中南海接見我們時，開門見山地說：作為共和國總理，和不到30歲的年輕人討論國民經濟，這是第一次。陳雲在不久後的中央一次會議上，也公開肯定了我們的對策思路。此外，王岐山向他岳父姚依林做了匯報，姚也當面仔細聽取了我們的說明。

　　我們四人是盡可能的低姿態，但是，因為文章在《紅旗》雜誌內部文稿和其他內參的發表，在北京的影響很快擴散。不知是誰開始稱我們「改革四君子」，當然，還有人稱我們是「工業黨」，以區別陳一諮發起的「農村發展組」的「農民黨」。

　　王：當時陳雲、鄧小平和趙紫陽，對經濟政策的看法一致嗎？

　　朱：1980年代初期，在「調整」和「改革」的關係上，陳雲、姚依林、鄧小平和趙紫陽之間並沒有明顯的分歧。那時，就

對國民經濟的熟悉程度來說，幾乎沒人超過陳雲和姚依林。鄧力群也是為經濟改革搖旗吶喊的，而且全力支持陳一諮的「農村發展組」。

至於趙紫陽，是共產黨歷史的一個特例，有過廣東、內蒙和四川的諸侯或者封疆大吏的經歷，不僅懂得農業、工業、對外經濟，而且有改革意識。趙主政四川之後，除了農村改革，最大的事情就是開始擴大企業自主權。他的超常記憶、理解和學習能力，也給我們留下了深刻印象。

趙紫陽在中南海接見我們的時候，才入主國務院不久。我記得，就在我們和趙紫陽見面不久，趙就帶著翁永曦視察山東。後來，趙還帶過其他年輕人陪他視察，似乎王小強次數多一些，還有華生、周其仁。

在這裡，我要提到趙紫陽的兩個秘書，一個是人們熟知的鮑彤，另一個是李湘魯。李湘魯是我們同代人。鮑彤和李湘魯都是才思敏捷，他們不斷地幫助趙紫陽發現新思想和新人才。

錢永祥（以下簡稱「錢」）：是否可以說，在1980年代，你們這批年輕人在那麼短的時間內脫穎而出，根本原因是得益於趙紫陽，以及像鮑彤這樣在趙紫陽身邊的「近臣」？

朱：我同意這個判斷。趙紫陽和青年人的關係是中國共產黨歷史上的獨特現象，很可能是絕響。當時的歷史大背景很重要：1980年代改革全面開始，人才短缺，胡耀邦和趙紫陽都有著強烈的「不拘一格降人才」的意識。他們身體力行地破除血統論的影響，不再以家庭出身作為提拔標準。我們這些學經濟的青年人，確實得到了更多機會和更大舞台。

1984年9月，青年一代的經濟學者在浙江省召開了對中國改革歷史有深遠影響的莫干山會議，對經濟改革和開放中的基本問

題不僅做了戰略思考，而且系統提出政策性建議，標誌著我們這代青年人整體正式走上中國經濟改革的大舞台。後來，以青年人為主體，建立了「三所一會」，即「中國經濟體制改革研究所」、「中國農村發展研究所」、「中信國際所」和「北京青年經濟學會」。「三所一會」的主要成員來自中國不同地方，不乏平民和農家子弟。

陳：您為何會去河南擔任「河南省經濟體制改革委員會」副主任？

朱：那是陰差陽錯。1984年前後，我因為關心中國能源問題，多次到河南了解中原油田問題。由此結識了在河南省委書記處工作的王忠林。在王的引見下，我得以向當時河南省委書記劉杰報告我對中原油田和河南經濟發展的看法。劉杰又安排我見了省長何竹康。

陳：這段時期，您在學術上有哪些進展？

朱：1980年代，是我學術上有很大收穫的時期。我的寫作處於巔峰狀態，幾乎每週都能完成有一定質量的文章。自1984年至1988年，還出版了《國民經濟結構學淺說》、《現實與選擇》和《論非均衡增長》等著作。其中，《國民經濟結構學淺說》是我的第一本著作。這本書的核心思想是：國民經濟不僅僅是一個過去在計畫經濟時代所說的「比例」和「速度」的問題，而是存在著其物質構造（或結構）問題；因此，只有研究國民經濟構造本身，才可能較為深化地研究經濟制度和機制，及其運動和發展。錢學森很肯定這本書的學術方法，為此專門寫信給我。

王：那麼，您又為什麼離開河南？

朱：我在河南的時候想到：我們這代人是在計畫經濟制度下長大的，主張市場經濟，但是卻從沒見過市場經濟；講對外開

放，卻沒有出過中國的國門。我希望改變這種情況。因為我曾對美國福特基金會在北京設立辦公室有所幫助，福特基金會為了表示感謝，願意資助我去美國讀書或者做訪問學者。1985年夏天，我向河南省委請假，希望出國一段時間，同時完成我的博士論文。1985年9月底，在福特基金會的資助下，我到了美國。先去密西根大學，所在地是安娜堡。那年聖誕節之前又轉到了哥倫比亞大學。前後十個月。

陳：此次美國之行有哪些收穫？

朱：收穫包括無形的和有形的。所謂無形的是對美國的觀察，包括大學管理已經電腦化，超市的豐富商品，經濟學的課程設計，宗教的力量，不同移民後裔的關係。那時的美國是雷根時代，供應學派的思想對我有很大影響。所謂有形的主要是四件事：第一，認真考察了美國的金融市場，特別是股票市場，形成了在中國推動建立股票市場的一整套想法；第二，與何維凌等人一起商議和努力，促使索羅斯在中國成立改革開放基金會；第三，結識了愛比·洛克菲勒，在中國示範和推廣她的「不用水的馬桶」，實現中國的廁所革命；第四，與何維凌一起，在美國中西部尋找合作夥伴，建立美中中小企業交流中心。

陳：回到北京之後的選擇是什麼？

朱：1986年8月回到北京。我回來的第一個公開報告是關於美國股票市場的啟發。在美國的十個月讓我明白，我們對世界的理解是膚淺的。因此，我決定在今後的幾年集中研究國際經濟。這樣，我辭去了河南省政府的工作。我選擇了兩個工作，一個是《中青年經濟論壇》的主編；另一個是從1986年10月和李湘魯一起籌備「中國國際信託投資公司」的「中信國際所」，並打算全職到這個研究所工作。

陳：成立「中信國際所」的目的是什麼？

朱：首先，當時中國國際信託投資公司董事長榮毅仁和副董事長唐克有成立這樣一個關注世界經濟和國際政治的研究所的需求；其次，當時國務院的領導也希望有一個具民間色彩的國際問題機構，做一些外交部、外貿部和其他對外部門不宜做的工作。

自1986年10月至1989年6月，中信國際所做了一些至今看來很有意義的工作。諸如，建議和推動與南韓、沙烏地阿拉伯建交；參與兩伊戰爭之後的伊朗重建；提出中國走向印度洋，實現和巴基斯坦的戰略合作，全面對西開放的戰略構想；幫助中信設計與中東和南美的長期合作夥伴關係；突破對台關係，建立兩岸民間交流的管道；研究世界金融危機的可能性和新模式。榮毅仁和唐克都有全球眼光，我們的工作得到了他們的全面支持。

王：中信國際所特別選擇這幾個國家，是否著眼於中美蘇關係？石油資源也是一個原因？

朱：那時，冷戰還沒有結束。中信國際所是研究中美蘇大三角關係的。我們傾向與美國改善關係，以獲得對中國改革和開放的支持。能源，特別是石油問題，也是我們極端重視的。要知道，唐克是當過石油部長的。那時，國際所主張參與伊朗戰後重建和實現與沙烏地建交，都是出於中國未來對國際石油資源的需求。總之，國際所希望為中國決策層建立一套全球戰略的觀念。

陳：在六四之前，您還參與了哪些工作？

朱：1989年1月至3月初，我先去澳大利亞墨爾本大學的經濟系做訪問學者。回來之後，「北京青年經濟學會」組織了中國經濟改革十年研討會。因為這次會議是在北京豐台的京豐賓館召開的，史稱「京豐賓館會議」。會議開始由陳一諮主持，但是他的腿受傷，然後由我主持。我最近找到了會議結束時的合影照

片，除了胡啟立等當時的領導人之外，還有李克強、李源潮、劉延東等當下中國領導人。這次會議的重要特徵是為體制內和體制外的同代人提供了講台，各派意見爭論激烈。周其仁和萬潤南的發言很精采。在會議中，不少人已經感到中國可能出事，甚至認為天下就要大亂。這次會以後，就發生了六四，以後大家就各奔東西。

　　京豐賓館會議結束後不久，國務院有關部門希望我主持研究在中國和緬甸之間建立特區的可行性，主要是為了阻止毒品進入中國。我那時還是「中國西部研究中心」的主任，帶著一個工作組去了雲南的畹町。歷史證明，如果在二十年前，就能夠在中緬邊境建立這樣的特區，後來的諸如毒品、賭博、各類走私等很多麻煩都可以避免。

　　陳：1988年那次「價格闖關」的決策過程，您有沒有參與？有個流傳甚廣的說法是：價格闖關的失敗是八九民運的重要背景之一。

　　朱：1988年「價格闖關」的決策過程並不複雜，是鄧小平決策，趙紫陽執行。此外，世界銀行也支持價格闖關。屬於趙紫陽智囊團的體改所反對價格闖關，但是，我個人是支持價格闖關的。我當時的主要看法是，中國已經是價格「雙軌制」，不是要不要價格改革的問題，而是勢在必行。但是，在當時的歷史條件下，人民群眾習慣了計畫價格制度下的所謂穩定價格，對市場價格沒有足夠的心理準備。所以，民眾對中央政府提出「價格闖關」的反應是非理性的搶購，導致決策部門收回原定的改革方案。有人認為價格闖關造成和積聚了社會不滿，以至於引發1989年的社會和政治危機。這是似是而非的看法。事實上，正是1988年的「價格闖關」，徹底衝擊了計畫價格的最後基礎，加速民眾

適應市場決定價格，並為1990年代之後中國價格「雙軌制」的併軌和形成全面市場價格體系，奠定了歷史性的基礎。

陳：您當時怎麼看通貨膨脹？

朱：至於通貨膨脹，也是大勢所趨。1980年代的通貨膨脹，並非是通常意義的通貨膨脹，而是經濟制度劇烈轉型過程中的「價格革命」，也是從非貨幣經濟向貨幣經濟過渡和貨幣化的必然結果。在1988年，「國際所」和「體改所」合組了一個代表團去訪問智利、委內瑞拉、墨西哥、巴西和阿根廷，核心任務就是考察這些國家在1970年代和1980年代高通貨膨脹形成的背景、過程和社會承受能力，以及通貨膨脹和經濟增長的關係。陳一諮和我是南美考察團的負責人，團員有宋國青等人。我們在考察中發現，社會轉型和通貨膨脹有極大的相關性，不可以孤立地看通貨膨脹率高不高，還要看經濟增長和居民收入增長。通貨膨脹處理得當，不一定引發各種危機，也不意味政權垮台。我們並沒有說過「通貨膨脹無害」，而是強調對於新型市場經濟國家，包括中國和其他轉型國家，通貨膨脹是不可避免的，關鍵問題是如何面對通貨膨脹。在訪問途中，我們多次在中國使館向北京發電報，匯報訪問進展和觀感。

這段歷史後來被不知詳情的吳敬璉演繹成一個誇張的故事。吳開始系統批判趙紫陽，連帶指向「三所一會」，提出是「他〔指趙紫陽〕的『智囊』班子，散布流言蜚語，阻撓治理整頓，其後更藉機製造事端，煽動動亂，把經濟危機推向社會政治危機」。

陳：在1989年，從胡耀邦逝世，學生走出校園，遊行和天安門絕食直到戒嚴的大約一個多月中間，趙紫陽智囊的基本想法和立場是什麼？最後又是如何捲入這場歷史大事件？

朱：直到1989年5月19日，「三所一會」從來沒有整體性的意見和行動。其間，絕大多數的「三所一會」成員是同情學生運動和訴求的，很多年輕研究人員也去了天安門廣場。但是，在道義支持的同時，「三所一會」的一些成員意識到：這場學生和市民運動，有可能導致黨內矛盾激化；如果保守派控制局面，趙紫陽就是第二個胡耀邦，那麼，歷史會大倒退。以何維凌為核心，我是參與者，希望說服學生回到校園，再給鄧小平另一種選擇的機會，使得保守派沒有藉口實行軍事戒嚴。但是，我們的努力沒有成功。到了5月19日，得知宣布戒嚴在即，趙紫陽已經失去權力，我們在體改所召開了一個討論時局的會議，並最終形成了一個以「三所一會」名義發出的〈六點聲明〉，主張在憲法基礎上解決危機，而不是軍事戒嚴。〈六點聲明〉的立意是禁得起歷史檢驗的。當然，起草〈六點聲明〉還包含著中國的「士為知己者死」的一種悲壯心理。我在離開體改所大門時和皮聲浩說，咱們再到這裡來的機會不會有了。

六四之後，我常常懷念不久前過世的何維凌，因為在那個危機時刻，只有他清楚地認識到問題的嚴重性，提出任其發展下去，一定會發生鎮壓，會有流血死人。我和一些朋友在他家多次開會，他奔走和維持與各種政治力量的聯繫，包括他的老朋友鄧樸方。除了他，「三所一會」的大部分成員是讀書人，處於激情和亢奮之中。我那時深深感到的是矛盾和無力。我們的悲劇是被認為有組織，其實沒有組織；被認為有綱領，其實共識都沒有形成。

陳：六四大大改變了您的人生軌跡。

朱：豈止是我本人，是一批人，是一代人。就我個人來說，我選擇了自我放逐，流亡海外，如今已經二十多年了。我沒有後

悔，但有遺憾。如果歷史多給我在中國的時間，不論其他，至少
有四件當時啟動了的事有可能有實質性進展：第一，將中國西部
研究中心實體化，建立中國西部開發總公司；第二，提出建立中
緬邊界特區方案；第三，促進在中國社會科學院打破按產業部門
分工的經濟各所，成立中國社科院經濟科學院；第四，完成中國
在海外的能源布局的構想。

　　陳：六四對大陸知識分子的影響有多大？

　　朱：因為六四，中國知識分子發生了大分裂和重新組合。在
1980年代，知識分子的價值觀是趨同的，支持和傾向思想自由
化、人道主義和市場經濟。在所謂體制內和體制外的知識分子之
間，維繫著交流和溝通的多種管道。

　　六四以後，知識分子的主體遭受了重大的挫折，有的反叛，
有的經商，有的選擇和政權合作。隨著1990年代之後經濟起飛，
知識分子的物質生活和收入得到根本改善，大都成為經濟發展的
受益者。中國知識分子的價值觀開始分裂，而不是趨同。

　　即使在我們原來的「三所一會」的朋友中，也是如此。1989
年6月至7月，海外的「三所一會」的朋友在美國丹佛和長島開
過兩次正規會議。之後，大家選擇了不同的人生道路。我本人還
參與了海外民運，當過「民主中國陣線」的理事長，推動「民主
中國陣線」和「中國民主聯盟」合併，合併之後又擔任了一段時
間的理事長。在西單民主牆時代，我雖然同情和支持體制外朋友
的努力，有衝動要跟他們在一起，但還是選擇走體制內的道路。
沒想到，六四之後，我和他們殊途同歸。正因為如此，我理所當
然被視為是現政權的對立面，被「三開」，上了黑名單，從一個
自我選擇的流亡者成為了官方確認的流亡者。關於民運問題，過
於複雜，今天就不多談。我在2009年曾寫過一篇長文，題目是

〈二十年海外民運的分裂與衰落〉。那篇文章的重點是從過來人的角度做自我反省。不過我還是希望人們能夠比較客觀和公正地評價海外民運對當代中國民主化進程的特殊的和不可替代的貢獻。

三、中國的「國家資本主義」問題

陳：六四之後，當局一度「反和平演變」。一般認為是鄧小平1992年的「南巡」扭轉了倒退的可能性。您怎麼看？

朱：鄧小平「南巡」是重要的。但是，在六四之後的中國，是否可以真的放棄經濟改革和開放，重新倒退到毛澤東時代？我認為那是不可能的，因為十年的改革開放已經置中國於不可逆的狀態。首先，幾億中國農民不允許倒退，人民公社制度已經土崩瓦解，完全沒有可能復辟。其次，計畫經濟制度完全支離破碎。別的不講，只講價格體系：1988年價格闖關之後，不僅僅是生活資料的絕大部分，而且生產資料的大部分已經開始由市場決定價格。雙軌制以人們難以想像的速度在併軌。第三，中國國有企業自主權的擴大，各種形式的承包，甚至股份化正處於全方位試驗階段，沒有什麼力量能夠停止這種大趨勢。第四，社隊企業沒有因為六四事件而影響它的擴張。第五，中國的對外開放特區，外國直接投資進入和對外貿易擴張的局面已經形成。此外，中國地方政府具有了從來沒有過的經濟實力，以及與中央政府討價還價的經驗。一言以蔽之，形勢比人強。經濟改革開放的大勢，並不是由幾個反對經濟改革的代表人物，或者諸如陳雲的「鳥籠經濟」思想，或者「反對和平演變」的政治運動所能扭轉的。

中國共產黨之所以沒有重蹈蘇聯覆轍，並非因為六四的鎮壓，實在是受惠於1980年代的經濟改革。六四以後，江澤民代表

的中國共產黨新的領導集團，成了1980年代經濟改革和開放的最大受益者。對此，鄧小平看得一清二楚。也就是說，鄧小平「南巡」，並非是擔憂改革倒退。鄧小平深刻地意識到，只有經濟改革和經濟發展，才能保證中國共產黨的政權。這才是他的「發展是硬道理」和「南巡」的根本意義所在。

人們還忽略了鄧小平「南巡」的真正後果，那就是：徹底排除了在中國進行任何政治改革的可能性。鄧小平的所謂不爭論、不討論，就是要避免人們重新解放思想和重新評價六四。這是一種新時代的「愚民政策」，應該說，這套政策對延續共產黨的政治體制是有很大作用的。

陳：按您的意思，「南巡」是六四後的經濟改革開放道路和1980年代道路的分水嶺。

朱：完全是這樣。1980年代的改革奠定了不可逆的經濟格局，為後二十年經濟改革提供了豐富的歷史遺產。但如何繼承這份遺產，對中國走向關係重大。在1980年代的改革中，有三個基本問題並沒有最終解決。六四之後，在如何面對這三個問題上，統治集團都做了「壞」的選擇。

第一個問題是政府和市場的關係。像中國這樣曾經經歷計畫經濟的國家，在經濟改革中選擇市場經濟取向，卻需要由政府來完成。這使得政府在經濟改革中的實際作用不是縮小而是擴大，並且形成政府推動改革的路徑依賴。以農村改革為例，1981-85年，農村改革每年都是以中央一號文件下達。這個問題困惑了1980年代改革的全過程：或者是放任政府在改革中作用膨脹，或者是首先實現對政府本身的控制？但對政府本身的控制是政治改革的範疇，所以在1980年代，中國決策集團形成了進行政治體制改革的基本共識。然而，六四之後新上台的中國統治集團做了前

一種取向，就是放任政府的權力無限制地膨脹。後來的制度性的貪腐，是這種取向的必然結果。

第二個是中央和地方的關係。中國是一個大國，應該允許不同的地方有不同的發展模式，為此，需要地方政府有自主權。趙紫陽有足夠的封疆大吏的經歷，了解地方政府的需求，在1980年代嘗試了包括「分灶吃飯」的財政體制，希望給地方政府較多的財政資源，形成中央和地方政府的積極互動關係。但1992年之後，中央重新建立對地方控制的政治和財政體制，設計了所謂的「分稅制」，導致地方政府的財政收入減少。而地方政府需要經濟增長，需要投資擴張，最終釀成人們現在熟知的土地財政，進而發生了地方政府、銀行、開發商和房地產商的畸形結合，而且尾大不掉。

第三個是如何平衡國有企業和民營企業的關係，建立多元化的產權結構。1980年代，在這個問題上，有兩個主要思路：一個是通過刺激民營企業的發展，增加民營企業的比重。另一個是倚重和發展國有企業。1990年代上半期之後，後一種思路占了絕對上風。一方面放棄了中小國有企業，大量國有資產流失，為與政權接近的利益集團劫取；另一方面，在一些行業實行國家壟斷，像石油、電力、通訊。總之，1992年之後的中國在面對1980年代經濟改革的遺產的多種取向中，在抑制還是放任國家壟斷的幾個關鍵方面，選擇了後者。民營企業雖然有了很大的發展，但總的來說處於被限制、被壓抑的狀態。

陳：您多次提及中國的「國家資本主義」問題。可否進一步說明其形成和發展的脈絡？

朱：回答這個問題之前，必須先澄清一個概念。中國的國家資本主義，不是在市場和私營制度的基礎上形成的，而是在殘餘

的計畫經濟制度和發育不良的市場經濟基礎上形成的。

中國國家資本主義的形成，有這樣幾個重要特徵。第一，金融壟斷。在計畫經濟時代，國家對金融資源的壟斷是不言而喻的。中國經濟改革開始後，伴隨著貨幣化和金融制度的市場化，原本在一定程度上允許非國家資本進入金融領域，以建立國有金融和非國有金融的良性競爭。但自1992年之後，中國政府對金融市場、金融機構做過多次整頓。例如，關閉了眾多地方信託投資公司，一次一次打壓所謂的「地下錢莊」，即民間金融，並壓抑外資銀行在中國的發展，最終實現了國家對金融的絕對壟斷。後來，人們一度以為四大國家商業銀行的上市可以改變這種壟斷局面，但歷史證明這種想法是天真的。恰恰相反，這四大銀行的股份化，不過是中國國家金融壟斷的現代化版本。

第二，政府控制資本市場。六四後，開放了上海和深圳股票市場，初期人們對其抱有極大的希望，賦予很多一廂情願的解釋。二十年後證明，中國的股票市場不過是國有企業攫取民間資本的場所；上市國有企業左右著資本市場，導致了中國資本、資源完全按照國家的壟斷意願傾斜和分配。

第三，完成了能源、通訊和基礎設施三大領域的壟斷，不僅沒商量，而且日益加劇。中國通訊業崛起與IT革命在時間上是一致的。對於這個新型產業，中國政府從一開始就違背自由競爭原則，出於經濟利益和政治控制的考慮，建立了高度壟斷企業模式。表面上，中國通訊業由三大公司組成，但可以理解成一個總公司的三個分公司，因為三者之間幾乎不存在競爭關係。美國在20世紀，一次又一次地打破任何財團對通訊業的壟斷，最後一次是徹底分解了AT&T。還有美國通訊業是私人壟斷，中國是國家壟斷。進入2010年代之後，在中國的非壟斷的行業，幾乎都是那

些附加價值相對低，技術含量相對小，勞動密集的行業。有些行業，表面上沒有國家壟斷，但是國家所支持的企業是控制市場份額的主體，例如鋼鐵工業。

陳：中國的國家壟斷資本主義形成於1990年代中期？

朱：始於1990年代中期，經過加入WTO，到2008年左右，徹底完成國家壟斷。

陳：您是指2008年的「國進民退」嗎？但我注意到，包括《經濟學人》在內，有不少人質疑國進民退之說。他們講，民間部門占GDP的比重越來越大，甚至說中國的經濟奇蹟主要是民間部門的功勞。您怎麼看？

朱：中國民間企業問題的要害是：他們如果離開政府和國有企業，很難成長起來，無法獨立生存發展。這是因為中國主要行業的上游和下游都在國營資本手中，中小民間企業只能依存於大型國有企業，有國有企業背書才能獲得貸款，才能獲得官方訂單，解決市場銷路。總之，中國民營資本必須依附國家資本，成為他們的附庸。2008年的「國進民退」，波及了一些有一定經濟實力的民營企業。因為再有實力的民營企業，也要顧及資本成本，而國有企業是沒有資本成本約束的。特別值得注意的新動向是：中國大型國有壟斷企業正在大舉進入一切有較大利潤空間的行業，從房地產業、零售業到餐飲業。中國的鋼鐵企業已大規模地投資養豬業。

零售業被壟斷之後，小商、小販、小工廠的東西賣不出去了，沒有市場了。很多行業被壟斷資本重組，包括修鞋業也沒有逃脫。這種無孔不入的壟斷，不僅意味著私人資本進入很多行業的門檻迅速提高，而且導致現存私人資本的生存空間日益狹小，逼迫私人資本退出越來越多的行業和企業。

陳：國家壟斷資本主義對地方和基層有哪些影響？

朱：示範效應。中國至今拒絕聯邦制，地方自治程度低下，法律上規定的各種自治區域的自治程度名不副實。但是，在壟斷經濟層面上，各級地方政府卻都有著很大的空間。例如，中央一級的壟斷不可能覆蓋到中國的每一個行業和地域。所以各個省，在其控制範圍內建立其可控制的壟斷企業，甚至市和縣一級，甚至基層也是如此。換一種說法，國家壟斷的現象已經從國家一級發展到省、市級，縣級甚至基層。以縣一級為例，也有由縣政府投資和控股，不容許他人染指的單位、行業和企業。中國當下的壟斷已經高度的科層化，形成了滲透到基層的金字塔模式。不了解這一點，就不會明白何以在中國的縣一級，甚至鄉鎮和村一級，都會產生擁有巨額財富的家族和個人。

陳：您剛才提到 WTO，西方國家特別是美國起了什麼樣的作用？

朱：中國新型國家資本主義的形成與發展，依賴了一個非常重要的國際條件，那就是冷戰結束前後興起的這一輪全球化。這次全球化的主要標誌是：世界經濟主體跨國公司化和無邊界化；實體經濟和非實體經濟分離化，最終推動著當代資本主義走向了一個新的歷史階段。

因為中國在1980年代改革的成功，進入1990年代後，中國被公認為是世界最大的、最有潛力的、最有爆發力的新興市場。在這次全球化的分工中，世界跨國公司都願意把中國作為世界最大的實體經濟基地，中國也確實成為了世界加工廠和最大的貿易國。在這個過程中，中國通過給予跨國公司一系列優惠，換取中國需要的外資和國際市場。相應地，中國調整產業結構，改造企業制度，建立中國國家壟斷的圍牆。儘管如此，西方發達國家的

跨國公司也願意合作。例如，中國國家對金融業、銀行業的壟斷，其實是在西方大型金融企業的支持下完成的。中國第一家投資銀行中國國際金融有限公司，就是國家壟斷的建設銀行和美國的摩根史坦利合作建成的。中國的H股，中國企業在華爾街、倫敦、法蘭克福、新加坡上市，都是與西方支持分不開的。

陳：您怎麼看中美在人民幣匯率上的衝突？

朱：這是一種表面現象。在當代世界上，貨幣是國家壟斷的。不同之處是民主制度下的貨幣畢竟受制於民主政治的架構；而在集權政治下的貨幣，則是一種絕對壟斷力量。

中國的人民幣原本沒有任何含金量，也沒有足夠的外匯儲備和金屬儲備來支撐它的價值。伴隨著中國經濟崛起和貨幣化，為了維持人民幣的價格穩定，中國從來以人民幣和美元直接掛勾作為既定國策。到了朱鎔基時代，中國開始用越來越大的外匯儲備購買美國國債。表面上是中國成為美國國債的債主，甚至是第一債主。但是，在表面的背後是：通過購買美國國債，支撐人民幣的價值，鞏固國家對人民幣的壟斷能力。2005年之後，人民幣匯率的升值趨勢，其實是相對於美元的一種被動變化。人民幣作為從屬於美元的貨幣，美元的貶值使得人民幣的升值成為不可避免。中美之間不僅匯率掛勾，在利率方面也是掛勾的；中國和美國的央行採取了大體相同的利率取向。應該說，朱鎔基所建立的與西方在貨幣金融領域的全面合作架構和機制，一直維繫到現在。

在一定意義上說，是中國加入了西方國家主宰的世界貨幣制度，並在華爾街幫助下強化了中國國家對貨幣經濟和金融經濟的壟斷。簡言之，華爾街私人資本和中國國家資本結合，是此次全球化中最引人注目的一道風景線。沒有這樣的結合，就沒有世界

級跨國公司全面進入中國，也沒有那麼多的中國壟斷國有企業可以成為西方世界的上市公司。

陳：您怎麼看朱鎔基時代對中國國家資本主義形成的作用？

朱：朱鎔基是計畫經濟出身，熟知計畫經濟的運行和管理。在朱鎔基主政上海市的時候，上海經濟很大程度還在計畫經濟的慣性之中，與近在咫尺的浙江省相比，上海幾乎沒有什麼像樣子的民營經濟、私有企業。江澤民則長期在國有企業和機械部門工作。還要看到，朱鎔基和江澤民在1949年以前受過系統的初等教育和高等教育，不僅數理化，英文也不錯。他們重視西方社會，有強烈地和美國合作的意願，頗有洋務派的遺風。

如果說朱鎔基時代對中國國家資本主義進程產生影響的話，主要表現在這樣幾個方面：第一，抓大放小。改組和控制大型國家企業，將數量眾多的中小國有企業放給民營和私有。後來中國工業壟斷的格局，就是在朱鎔基時代奠定的。第二，如前所述，一步實現對金融的壟斷，包括商業銀行和非銀行金融機構，徹底割斷金融系統對非國有經濟的金融支持。1990年代中期，海南島民間的投資浪潮遭遇滅頂之災，多少人傾家蕩產，就是因為在政府強勢干預下的國有銀行切斷與房地產投資商的聯繫。總之，在朱鎔基時代，中國完成了大型國有企業和大型國有金融機構的新的聯盟。因為這樣的聯盟，中國國有銀行中的呆壞帳在1997年亞洲金融危機前後已經到了最危險的程度。後來，國家金融系統的呆壞帳並沒有減少，但是比例下降。原因並非是國有銀行發生了脫胎換骨的改造，而是因為國有控股銀行系統的資產總量膨脹導致了呆壞帳的相對比例下降，這是一種稀釋。如果對過去二十年中國主要產業的發展歷史稍加分析，不難發現，鋼鐵、石油、電力、通訊業的改組基本上都是在朱鎔基時代完成的。應該這樣

說，經過朱鎔基時代，留給溫家寶對國民經濟（特別是主要行業）發揮實質影響的空間相當有限。

　　陳：如果說國家壟斷資本主義是一個事實，它的成因是什麼？

　　朱：中國的國家資本主義不是設計出來的，而是1990年代新的執政集團的一種主動選擇。六四之後，中國共產黨為了維持政權，維繫一黨專政，需要提高國家和政權的安全水準，尋求穩定的財政收入來源。按照一般的財政收入體系，即使後來的「分稅制」也不足以滿足中央財政支出大規模擴張的需要。而強大的國有壟斷企業，無疑可以確保中央政府的收益。我現在手頭並沒有大型國有企業對中央財政直接和間接貢獻的比例，但是可以肯定，中央政府從壟斷企業中得到的利益不僅數額巨大，而且穩定增長。中央政府具有從壟斷企業獲取財富的雙重身分：第一個身分是政府，理所當然的獲取稅收，而且是多種稅收；第二個身分是大型國有企業的絕對股東，通過國有資產的管理，參與分紅。

　　我還想強調：中國的國家壟斷是一種政治壟斷，它和傳統的資本主義壟斷有很大不同。後者主要是非政治和非國有企業的壟斷，加之民主制度的制衡，國家有能力通過反壟斷法對抗市場壟斷。但在中國，國家和國有企業在壟斷利益上是一致的。在這個意義上，中國的反壟斷法，既沒有前提也沒有對象。

　　陳：國家資本主義和「權貴資本主義」是什麼關係？

　　朱：這個問題涉及到了中國當下的核心特徵。一方面，中國是一個國家壟斷資本主義的國家。按道理，國家壟斷資本主義壟斷到了這種程度，「權貴資本主義」很難有發展空間。但是在中國，國家壟斷資本和企業，從來與權力和裙帶關係相結合。進一步分析，權貴資本主義是國家壟斷資本主義的重要基礎。權貴資

本主義還表現為一種門閥資本主義，權力、財富、家族和門第緊密結合。這是古今中外極為獨特的一種由國家領航的資本主義。在過去二十年間，特別是過去十年間，中國成為一個造就世界級富人的生產線。

要深入理解中國的國家壟斷資本主義和私人家庭資本主義的關係，就不得不涉及中國的政治制度。因為中國是黨國體制，黨國成為經濟資源壟斷的主體，且不受任何監督。按照中國公開的法度，國有資產畢竟姓國不姓私，據為私有為法理所不容，為全民所不容。但是處於權力中心和周邊的那些個人和家族，卻可以千方百計將部分國家資源持續轉換為私有資產，而且已經形成了一套完整的機制。第一，切割，就是將某些國有部門、某些國有企業讓渡給相關家族和企業。第二，借反壟斷、民營化的名義，讓已經具有資本實力的相關家族合法進入利潤豐厚的行業和部門。第三，基金方式，即由國有壟斷企業出資建立基金，管理權逐漸替代所有權。第四，上市圈錢，讓上市之前已經控制股份的利益集團，再成為上市的受益者。除此之外，當然還可以舉出其他各種方式。由於中國國有壟斷資產龐大而且日益擴張，其所支持形成的權貴、門閥資本主義集團成員，自然可以輕而易舉地成為世界級富人。

陳：匪夷所思。

朱：中國在財富的積累和分配上，經歷了兩次完全不同的掠奪。一次，發生在共產黨奪取政權，將中國數千年、數百年私有經濟私有財產變成國家所有。第二次，就發生在過去二十年間，與壟斷國有企業特權相聯繫的既得利益集團，全面侵蝕國有經濟和集體經濟，並通過實際控制權，將屬於人民的財產和資產的很大部分轉化為家族、門閥、私人資產。一次是通過武力，一次是

通過權力。

　　在傳統資本主義的發展史中，富人財富的積累需要一代人幾十年、甚至幾代人的努力。即使比爾‧蓋茨、賈伯斯他們創造了那麼有技術含量的產業，也花了三十餘年的時間。但是，中國的富人可以在不足十年、甚至更短的時間內積累世界級的財富。所以，在中國所謂的仇富心理背後，是人們對富人財富形成過程和方式的不認同。這是中國最嚴重的社會危機的根源所在。

　　我過去說過，在我是共產黨員的時候和我被共產黨開除之後，都常常想到共產黨裡的三個人：一個是方志敏和他寫過的〈清貧〉；一個是瞿秋白就義之前一無所有，在刑場上哼著國際歌；一個是陳獨秀，小偷到他家偷東西，沒有什麼可偷，才偷了他的手稿，而這個手稿就是他的命，自此一病不起。無論人們如何批判共產黨和共產主義，對其歷史根源還要如何發掘，對其給人類帶來的災難如何揭露，但是有一點是肯定的：中國共產黨最後演變成一個控制龐大社會財富的集團，其中少數人把公共財富據為己有，是這個黨的創始人、先烈以及絕大多數成員始料不及的。

　　在這裡，我很願意為所謂的中國「左派」說幾句話。他們否定現在，是因為他們不明白，或者不能接受這樣的事實：共產黨和共產主義的宗旨是消滅私有制，建立一個平等社會，實現共同富裕；但是，中國這個由共產黨執政的國家，卻成為了貧富差距最大，少數富人控制絕大部分國民財富的最不平等的社會。因此，他們懷念毛澤東，甚至主張回到毛時代。中國左派的誤區在於他們不知道，也不願意承認，正是共產主義導致了極權主義和黨國體制，剝奪了人民的政治權力，政治權力遭到壟斷濫用，與經濟和商業利益結合，以至於出現對資源的不合理占有、對國民

財富的不公平分配。

陳：您如何評價中國的「右派」？他們和國家壟斷資本主義有怎樣的關係？

朱：其實我非常不願意用「左派」、「右派」這樣的概念來劃分中國的社會和政治光譜。剛才說的左派是按中國的劃分辦法，指希望回到毛時代，甚至不惜回到文革時代的政治派別。社會財富分配的嚴重不合理，貧富差別過大，徹底背離了中國共產黨承諾的共同富裕。毫無疑義，中國的所謂左派看到了這些現實問題，於是把這一切歸咎於經濟改革開放、市場化和私有化。但真正的原因是，1990年代之後已經背離了「改革」初衷。中國並沒有真正建立市場經濟，私有經濟並沒有充分發展。對於這個問題，中國左派的思想混亂不清，他們尋求的解決辦法往往是走回頭路。

中國的「右派」其實很難定義。按照人們的通常標準，中國的右派似乎應該是那些在經濟上主張市場經濟，在政治上主張普世價值、尊重人權、支持實行多黨政治和議會民主的群體。但是，如果按照這個通常標準，在中國本土內幾乎很難找到右派。那些被認為的自由派或者右派的代表人物，大都名不副實。以吳敬璉為例，他被認為是市場經濟的代表，但是他所支持和參與的1989年以後的中國經濟改革，不是不斷地逼進，而是日益地遠離真正的市場經濟。國有經濟並未得到抑制，而是不斷強化壟斷程度；民營和私有經濟不是蓬勃成長，而是不斷被打壓。在吳敬璉這類人那裡，市場經濟、自由競爭、產權多元化，不過是口號和空話而已。他們其實已經成為既得利益集團和相當多的國有壟斷企業的利益分享者和代言人。中國還有一些自由派的代表人物，直接為中國富人階層辯護，否認原始資本積累的原罪。他們的錯

誤不是為富人說話，而是忘掉了中國富人的相當一部分，從資本原始積累到財富膨脹，都和國家權力有這樣那樣的結合。總之，中國的右派或者自由派，大都迴避諸如政治制度改革這樣的敏感問題，也沒有道德勇氣倡導人道主義維護人權，更別說主張在中國結束一黨專政、實行民主制度。

我在這裡提醒，在當代中國的國情下，很多經濟學概念都存在著需要重新定義的尷尬局面。例如，我今天反覆使用「國家壟斷資本主義」概念，但其中「資本主義」四個字是非常勉強的，因為中國從來沒有機會真正重建「資本主義」。「市場經濟」的概念如此，「私有經濟」的概念也是如此。

四、中國國民經濟的根本問題：人口過剩、生產過剩與資本過剩

陳：可否談談您對中國宏觀經濟的看法？

朱：我對中國宏觀經濟的看法與中國主流經濟學家有三個區別：第一，我分析的出發點和歸宿，都不包含對現政府經濟政策服務的意識；第二，我不是講短期，而是講中期，所謂中期指五年左右的時間區間；第三，我關切對長程有影響的經濟現象。一般說來，任何一個國家在任何時期，其宏觀經濟中都會存在著增長放緩、失業、通貨膨脹、經濟結構失衡、宏觀經濟政策失誤之類的問題。如同人吃五穀雜糧經春夏秋冬，沒有不得病的道理。當代世界經濟環境、社會環境瞬息萬變，宏觀經濟自然會波動。在我看來，說中國宏觀經濟存在問題，主要是指影響宏觀經濟正常運作的制度性和結構性問題，以及對長程的影響。這些問題具有獨特性、制度性和長遠性。

陳：制度性和長遠性是指什麼？

朱：還是先從具體情況入手，再來回答你的問題。中國經濟首先面臨著若干過剩。第一是人口過剩；第二是產能和產品過剩；第三是貨幣供給、資本和投資過剩。這三大類型的過剩無疑具有中國特色，解釋這三大過剩的內在邏輯必須從制度和結構分析入手。這三大類型的過剩，對中國宏觀經濟的影響，勢必是長期的。

人口過剩是人人皆知的常識問題。在特定制度下，人口過剩不僅是經濟問題，還是社會和政治問題。在中國的體制下，特別是六四之後，維護政治和社會穩定是當局的第一大目標。為了實現穩定，就必須解決就業問題。在人口本來過剩的情況下，在私有經濟和民營企業受嚴重壓抑的情況下，解決就業問題的主要手段就是以國家為主體的投資，以擴大就業機會，緩和人口過剩造成的失業自然增長。而過度投資，必然導致生產產能的過剩，乃至產品庫存增大。於是，形成人口過剩、就業壓力、投資擴大、產能產品過剩這樣的怪圈。此外，中國持續地擴大基礎貨幣規模，儲蓄居高不下。從貸差變為存差，存貸比持續上升，超額準備金居高不下，人們把這種現象說成流動性過剩，就是貨幣供給過剩，也就是錢太多了，毛了。這麼多錢，導致了中國的資本膨脹。於是，中國宏觀經濟一方面在產能過剩的情況下，繼續開工，避免失業，拒絕減產，造成產品過剩的不斷擴大。另一方面，在資本過剩的情況下，還要繼續維持投資規模，形成更大的產能。這是中國經濟最深刻的矛盾所在。

陳：中國的產能過剩、產品過剩，可以通過擴大需求來解決嗎？

朱：問題就在這裡。中國實行金融壟斷，各級政府公司化，

對投資不僅有決策權，而且有操作能力。但是，中國的黨國體制再萬能，卻沒有辦法強迫國內民眾增加消費。不久前我看過一個資料，是講生產能力怎樣大於居民消費能力。中國居民消費總支出與中國工業消費品的內銷產值的差距持續擴大，目前至少高達5萬億甚至7萬億人民幣以上。大量的工業消費品生產出來沒有市場，只能是增加庫存規模。以彩電為例，在2000年前後的彩電生產量是300萬台，銷售量是100萬台。2010年彩電生產到了1.18億台，消費量是4,000萬台。但是中國的彩電生產依然在高速膨脹。這是因為如果彩電行業削減生產，必然導致開工不足甚至倒閉，減少彩電行業的生產規模。這是各級政府所不能容忍的。於是，中國政府就推動彩電下鄉，讓沒有彩電的農民購買。但是，因為電費過高，彩電下鄉並沒有刺激出多少需求。至於國際市場，中國彩電的份額早已達到極限。顯而易見，這樣的模式也許可以躲過初一，但注定躲不過十五。

在正常的市場經濟國家，如果發生嚴重產能過剩的情況，是通過經濟危機加以調節，包括失業擴大、經濟蕭條等。但是，中國採取的辦法卻是壓低工資，其結果是導致了中國居民收入增長緩慢，恰恰又破壞了居民消費能力的擴大。於是形成了一個惡性循環。

陳：不論是產能過剩還是產品過剩，其背後不都是資源浪費嗎？

朱：是的。不論是根據官方資料還是學者調查，中國製造業設備的利用率僅有七成左右，大約有四分之一設備閒置是沒有爭議的共識。鋼、銅、塑料材料的生產，據說閒置率高達五成。有些新興工業，像是集成電路板、太陽能電池、風力發電也嚴重過剩。生產設備的閒置，就是各種資源的浪費。

陳：沒有辦法解決這些問題嗎？

朱：非常難。這裡有兩個具有中國特色的原因。第一，中國是許多跨國企業的生產中轉站。他們的生產量通常大於中國市場的需求量，因為要把多餘部分用於世界其他各國市場，但是他們往往高估市場的擴張能力。第二，中國各級政府為了自身的財政收入和增加就業，大力扶植本土企業的產能擴張。說到國際市場，西方消費模式正在轉型，趨向更節約、更環保的消費模式。此外，各國的企業家、生產商、供應商、消費者，都開始警覺和抵制中國產品在世界市場的過分擴張。中國產品的外銷阻力越來越大，而這又加劇了中國的生產過剩。

錢：所以，中國現在正在成為一個資本輸出國，在發展中國家甚至發達國家建立生產基地，以解決資本過剩問題？這又是否造成了中國的對外關係趨於緊張？

朱：如今中國已成為世界第二大經濟體，第一大生產製造國、貿易國，繼美國之後的資本輸出國。但是中國的資本輸出並非像人們以為的那樣一帆風順，而是遇到了難以想像的阻力和抵制。重要的原因是世界變了，海外資源越來越短缺，例如石油資源。不是說中國有了資本有了錢，就能夠輕而易舉地進入到這些行業。在中國所要進入的大部分國家，都已經有了民主制度。中國的投資面臨著這些國家的法律程序，以及這樣或那樣的工會組織，處理勞工問題的難度遠遠超過在中國本土。當然，還有經營管理、人才和勞工培訓的問題。

我注意到中國一些海外投資者，不論國有企業還是私人企業，過去接受了太多的殖民主義時代的影響，以為可以在21世紀的今天重複20世紀甚至19世紀殖民主義者的故事，其實是非常錯誤的。所以我們看到，即使在非洲一些經濟相當落後的國家，

也不是誰有錢就歡迎誰。中國在海外的市場不僅遭遇到發達國家的抑制，而且還遭遇到其他發展中國家「後來居上」的壓力。此外，中國在海外購買資源產品和投資資源產業也面臨著各種有形和無形的阻力。

陳：您怎麼看中國的房地產業？房地產是否也是供大於求的行業？

朱：房地產成為中國主要的產業，是兩個因素造成的。一個是地方財政膨脹。另一個是過剩資本只能流向房地產業。中國國土太大，它的房地產業是從大型城市擴張到二級城市，從二級城市向三級城市擴張。於是，房地產、城市化、資本過剩，變成同一個問題了。在這一過程中，房地產業所吸納的貨幣總量，是天文數字。現在看，只有當整個中國縣一級城市都蓋一遍房子之後，這個過程才會完結。大概還需要三到五年左右。請注意，中國的房地產已經從北京和上海這樣的大都市，正向二級城市、三級城市推進，活生生地把城市化的水準從30%左右，變成了50%。

還要補充的是，中國的房地產業既造就了背負巨額房屋貸款的房奴，也造就了擁有房屋資產的有產階層。例如，原本的北京人和上海人，只要過去享受過單位分房，或者舊家拆遷之後的房屋補償，大多數就不是真正的窮人。這種情況也發生在二級城市，甚至縣市的居民。

至於中國的房地產是否供大於求，其指標是空置率。在中國，商品房的平均空置率不會低於10%，當然嚴重。如此下去，會觸發中國的金融危機和經濟危機。因此，從2010年初，中央政府不惜代價，不遺餘力地打壓房地產業。

陳：按經濟學的一般解釋，資本過剩是利潤率下降造成的？

朱：這個問題觸及了中國宏觀經濟的一個要害。經過持續二十餘年的高經濟增長，人均國民生產總值超過3,000美元。原本存在的二元經濟不但沒有縮小，而且在加大。具體怎麼解釋呢？在實體經濟中，存在著發達地區和落後地區；在金融經濟中，存在著國家壟斷的現代金融體系，和游離於這個體系之外的民間金融體系。我們現在看到的情況是：在國家壟斷控制的行業和部門，資本是充裕甚至是過剩的。但是，大量中小企業卻始終面臨資本供給不足的壓力，無法擺脫資本飢渴症。中國資本的相對過剩，其實和利潤率沒有太大關係，而是和制度有很大關係。對於某些國家壟斷行業和部門來說，利潤率再低，資本也不會減少。但對於民營經濟，即使利潤率再高，也不意味著資本的供給。此外，中國的國民收入分配也是高度二元化。一方面，廣大民眾打工維生；另一方面，特權階層用權力換取資本，資本再轉化為超額收入，外加灰色收入。所以，貧富差距大幅度擴大。

陳：貨幣資本投資過剩，勢必推動通貨膨脹，刺激經濟增長。但生產過剩的最終邏輯後果，卻是經濟蕭條和增長率下降。您是這麼看的嗎？

朱：中國的宏觀經濟長期糾結於通貨緊縮和通貨膨脹的同時壓力之中，既要防止經濟過熱，又要維持經濟增長。所以，中國經濟學家二十年來關於宏觀經濟的分析和對策，幾乎都是圍繞這兩個問題。當經濟緊縮時，就主張積極的貨幣和財政政策，強調刺激增長。反之，為了避免經濟過熱，就主張採取緊縮的財政和貨幣政策。翻來倒去。

在我看來，中國的主要壓力是通貨膨脹，而不是通貨緊縮。這是因為考慮中國經濟問題時，一定要把政府作為一個最大的變量。中國的財政收入多年來兩倍於GDP增長，使得中國政府成為

世界上最富有的政府，而且是世界上最大的消費實體和投資主體。舉國上下批評的公款吃喝、公費汽車等問題，除了造成貪腐之外，也支撐了中國的GDP。巨額軍費和維穩費用，除了造成新的既得利益集團之外，同樣也支撐了中國的GDP。只要維持現存的政治制度，維持和擴大就業，即使在生產過剩的情況下，也要繼續投資；在產品過剩的情況下，繼續生產；在通貨膨脹的壓力下，繼續增加居民的名義貨幣收入。這是一個寧可要經濟過熱，也不可能要經濟緊縮的政策取向。

如果中國政府因為懼怕社會出現不穩定而堅持不讓失業率上升，生產的東西會積壓得越來越多，總有一天會到達一個極限，其最終的後果就只能是失業規模完全失控。也就是說，中國的危機不會是一種從十度到二十度、三十度的逐漸擴散的危機，而一定是聚變為一次性大危機。

陳：您認為中國的通貨膨脹是一種貨幣現象？

朱：當下歷史階段的通貨膨脹的實質是貨幣現象。中國持續實行寬鬆的貨幣政策，貨幣供給過大，是推動通貨膨脹的根本原因。但是，貨幣機制的最終影響還是需要通過實體經濟的，主要是通過原材料和能源價格的上升實現的。中國要經濟增長，就必須擴張投資能力，需要投入更多的能源和原材料。這加劇了世界範圍內能源和原材料價格的上漲，而且推動了相關企業產品在世界範圍內的漲價。中國每一次入股國際能源和資源企業，都要付出「天價」成本。所有這些都會導致全方位的通貨膨脹。

陳：貨幣供給過大導致投資過剩，投資過剩又導致產能過剩？

朱：不妨通過事例來加以說明。先講鋼材。鋼材嚴重過剩，導致產品積壓，形成鋼材價格下降壓力。而中國貨幣過剩，相當

多的資本流入鋼材領域。當鋼材價格下降到接近成本區間，資本就會湧入，超常吸納囤積。一旦鋼材市場向賣方市場傾斜，就會拋售鋼材變現。在這個過程中，資本湧入鋼材領域，不僅可以有效地阻止鋼材價格過度下跌，而且因為對鋼材資源的壟斷，會導致鋼材成為推動下一輪通貨膨脹的一個因素。所以，鋼材產能過剩、資本過剩產生了一個複雜的交叉機制。煤炭也是如此。和鋼材相比，煤炭更受制於運輸能力，而運輸能力是長線投資。因此，煤炭的價格波動，不僅受煤炭產量影響，也受資本過剩和運輸能力影響，是這三者交叉平衡的結果。

陳：所以在您看來，當前中國的高增長和高通貨膨脹是不可分割的？

朱：是這樣。但重點是：如果不能建立合理的經濟和政治制度，這樣的高增長一定是少數人受益；這樣的高通貨膨脹一定是多數人受害。

五、中國未來

陳：有些經濟學家相當樂觀，說高速增長還可以維持十年二十年。也有人認為「中國模式」不可持續。您怎麼看？

朱：嚴肅的經濟學家都不願意談未來。凱因斯的著名說法是：從長期看，我們大家都死了。如果一定要說未來，我傾向於把它限定在二、三十年的時間範圍內。

在我看來，中國過去二、三十年的高速發展，並非是近現代史上的第一次。在清末新政時期和民國初年，在國民黨南京政府的1927年至1937年，在共產黨執政後實施「第一個五年計畫」的1953-57年，都發生過高速增長，只是這次的時間相對的長。

但這是和一些特殊條件聯繫在一起的。第一，中國在經濟改革和開放之前，經濟發展水準過低，基數太小；對中國這樣的大國而言，增長空間極大。第二，中國受惠於「冷戰」、「全球化」、「九一一事件」、「1997年亞洲金融危機」和「2008年美國金融危機」等重大歷史事件所改變的國際條件。第三，中國絕大多數民眾，因為物質生活水準提高，形成了對未來的積極預期。第四，1989年六四之後，中國統治集團採納以國家安全、社會穩定為中心的治國方略，擴大了政府內需。上述這些條件都相當獨特，不可重複。「中國奇蹟」也好，「中國模式」也好，其實是一種非常態的歷史現象。中國未來二、三十年的發展，不會是過去三十年的重複和放大。

　　陳：在中國過去三十年的發展中，有哪些負面的因素或遺產會影響未來？

　　朱：關於過去三十年發展的成就，人們說得太多了，無非是因為經濟改革和開放，GDP持續高增長，完成了「經濟起飛」，實現了所謂的「崛起」。但是，這種情況絕非是中國獨有的。近三十年來，除了非洲的一些地區，整個人類的物質水準都有了相當的改善。在新興市場經濟國家中，除了亞洲、印度、南美洲巴西之外，還有更多發展中國家實現了經濟高速增長。同時，全世界的政治制度也在趨同中走向進步。IT革命、手機普及，徹底改變了人們的學習和教育方式。

　　所以，我更看重中國在過去三十年所積累的各種負面因素。我把這些因素概括為若干個危機：

　　第一個是生態危機。中國的經濟發展是以大規模地破壞生態為代價的，包括森林砍伐、土壤惡化、沙漠化、水資源短缺和污染、排碳量失控、空氣污染、海洋資源的掠奪、地下資源的枯竭

等等，不一而足。在所有生態危機中，最嚴重的是水資源和土壤的破壞。中國現在糧食的自給率比重很高，達到七成以上，但是缺口的三成的絕對量也是驚人的，需要進口。對世界糧食市場影響甚大。中國農田面積的減少從根本上制約了糧食自給率的穩定。生態危機的背後其實是生存的危機。生態危機不是中國僅有的，但是中國是人口超級大國，其生態環境破壞之後不可修復，以及資源喪失之後不可能再生的後果，要嚴重於世界任何國家。中國的生存和發展，會日益依賴中國之外的資源。

第二個是全民公共衛生和健康的危機。2003 年的 SARS 是第一次大規模的預警。中國在大規模城市化之後，公共環境和醫療體系是相當脆弱的。誰也沒有辦法保證中國會不會發生大規模的公共健康危機，而這種危機遠遠比地震、洪水、颱風等天災可怕。

第三個是社會危機。這個危機領域非常寬闊，可以列舉的至少包括道德危機、制度性貪腐、侵犯智慧財產權，還有偷竊、搶劫、吸毒和賣淫等等。中國的社會危機之所以嚴重，是因為傳統的社會結構已經徹底「解構」，而新的社會體系難以形成。中國當下的社會基層喪失了「自治」的支點，社會秩序的維持不是依賴社會本身的「自組織」，而是基本依賴於政府和政權的力量。

第四個是經濟危機。衡量中國經濟危機和發達國家經濟危機的標準是相當不同的，差別很大。在成熟的市場經濟國家，經濟增長有 1%、2%、3% 就已經好得很，謝天謝地了。但是，中國卻不能承受低於 5%，甚至低於 6-7% 的增長。因為中國的福利水準太低，沒有增長，沒有就業，對中國很多民眾而言，就是沒有了生存的基本保障，就要出大事。在毛澤東時代，中國農民雖然被禁錮在農村，但畢竟有集體經濟，有土地耕作，有小小的自留

地，活下去大體沒問題。但今天，大多數農民已經與土地分離，沒有了家園。如果沒有工作，不能掙錢，沒有棲身之處，那將是引發社會失衡的巨大能量。

第五個是政治統治和治理危機。在今天這個世界上，中國是「敵人」最多的國家。1980年代是中國「敵人」最少的年代。但自六四之後，「敵人」就多了起來，有國內的，有國際的。與毛澤東時代比較，只增不減。特別需要說的是，其中的不少「敵人」其實是「假想敵」，而且，欠缺「化敵為友」的意識。「敵人」的數量和統治成本有極大的相關性。所以，中國政治統治和治理成本，無論和中國過去比較，還是和美國比較，都與日俱增，集中體現在著名的「維穩」開支上。在經濟高度增長，財政收入維持兩位數增長率的情況下，這自然不是問題。一旦經濟增長放緩，財政形勢惡化，就難以為繼了。

我所說的這些危機，具有典型的中國特色，都不是積累了一年兩年，而是十年二十年了。這些危機相互影響，已形成一種危機的「疊加效應」。中國已經進入到了解決其中任何一個危機，都要牽扯到面對其他危機。任何一個危機沒處理好，都可能引爆其他危機。中國有句古話是「前人種樹，後人納涼」，但也有「前人造孽，後人遭殃」的說法。中國未來的根本挑戰是：不僅要維持經濟增長和發展，還要面對和正確處理過去三十年所積累的各種危機。所以，中國的領導人是當今世界最累的領導人。

陳：政治改革與經濟改革的關係，您怎麼看？

朱：我想糾正人們的一種看法：中國經濟改革大體是成功的，已經建立市場經濟、多元制度，實行對外開放；所以，中國的問題就是如何改變政治改革的滯後，如何加快政治改革的問題。這是一種片面性認識。中國在六四之後，不僅政治改革停頓

和倒退，強化了黨國體制，而且經濟改革也步入歧途，走上了國家壟斷資本主義道路。中國如今的問題，豈止是經濟改革成功和政治改革滯後的矛盾，而是經濟改革和政治改革雙雙背離1980年代初衷的問題。或者說，中國目前的經濟制度的缺陷和政治體制的缺陷大體一致。要看到，沒有六四之後的政治體制，中國也不會如此之快地形成國家資本主義和既得利益集團。

所以，中國的未來不是簡單的啟動政治改革，而是要觸及和改革整個政治和經濟制度。就經濟領域來說，勢必要「第二次改革」。

陳：如何實行「第二次改革」？

朱：從回歸理性和回歸1980年代開始。2008年舉辦奧運會時，民族主義、愛國情緒達到了最高點，到處講「盛世」和「崛起」，還有「中國模式」。那一年又發生世界金融危機，中國更加自我感覺良好，甚至認為中國可以改造世界貨幣金融體系。中國進入非理性狀態。和2008年前後比較，越來越多的人們已經明白，所謂的「中國模式」難以為繼。支撐這種發展模式的社會成本、經濟成本過大，而如此之高的成本所得到的收益，無論對統治者還是被統治者來說，都在趨於零甚至走向負數，現在到了必須回歸理性的時候了。中國需要做新的歷史選擇，在不同政治勢力和思想派別間求同存異，選擇一個大家能夠接受的基本方向。在我看來，最有共識基礎的就是回到1980年代，重新整理胡耀邦趙紫陽的歷史遺產，把他們沒有完成的事情重新啟動。這是為了避免同歸於盡，避免大的社會動盪。

陳：回歸1980年代的最大障礙之一是如何面對六四？

朱：那是當然的。六四對於中國未來發展是必須面對的，難以逃避的，不可逾越的。八九民運的積極和正面的歷史意義，老

百姓知道，菁英知道，特別是當權者也知道。但是，解決或重新評價六四問題，自然會遇到太多既得利益者的抵抗。因為正確評價六四本身就相當於一次社會革命。在現實政治生活中，風險和收益是正比例的關係。那些有機會重新評價六四的人，既冒著最大風險，也將獲得最大收益。

陳：張木生主張回到「新民主主義」，您怎麼看？

朱：張木生是老朋友，精通馬克思主義，熟悉中國農村。但是，我對於回到「新民主主義」不以為然。在當代中國，「新民主主義」是一個幾乎從來沒有存在過的概念，而絕不是一個實實在在的歷史。七十年前，毛澤東主張「新民主主義」，帶有很大的宣傳、統戰目的。他內心是否真的相信有一種「新民主主義」，從來就是一個問題，現已無從考證。可以確定的是，1949年之後，劉少奇因為主張中國進入了「新民主主義」時期，遭到毛澤東痛擊，因為毛澤東希望中國快速地向社會主義過渡。現在，在21世紀過去了十多年的中國講「新民主主義」，是一種政治考古，無異於「刻舟求劍」，沒有出路。

陳：中國真有可能再回到胡、趙時代嗎？今天的中國已不是1980年代的中國，而且，在二十年來的國家資本主義發展之後，已形成了新的社會矛盾。回歸1980年代，如何有助於化解這些矛盾，並克服您所謂的「合法性危機」？

朱：就中國的現實來說，「合法性」的問題就是人民是否信任執政黨和執政集團的問題。簡單地說，共產黨的合法性危機就是民眾喪失對你的信任，執政集團喪失了信用。其實，合法性危機是共產黨執政後從來沒有解決的問題。毛澤東的文化革命，鄧小平的經濟改革，都是為了緩和合法性危機。

回到1980年代是非常有彈性的選擇。首先，與回到新民主主

義不同，這不是回到一個主義。中國的歷史教訓很多，只要回到一個主義，就會強化意識型態的衝突。我所謂回到1980年代，更強調的是一種價值觀，而價值觀可以容納不同的主義。在1980年代，表面上仍堅持「四項基本原則」，但是意識型態的作用弱化，普世價值的影響擴大。不然的話，就不能理解為什麼在1980年代有所謂的「反對自由化運動」。其次，回到1980年代，也意味著一個包容不同發展模式的共同體。因為1980年代的道路是在承認中國已經歷過社會主義公有制和共產黨一黨執政的前提之下，通過改革建立新型的市場經濟、開放和民主的社會，實現分配大體公平的豐裕社會，給每一個人經濟和政治權利。1980年代的改革歷史證明，這條道路是為社會主流和多數人接受的，是可行的。

　　現在與1980年代的最大差別是：國家壟斷資本主義和以家族為單位的既得利益集團形成了穩定的結構。中國內在的矛盾不再是單純的理念和主義之爭，而是利益之爭，甚至關係到身家性命了。我認為，回到1980年代，建立一個容納不同社會階層，甚至包括既得利益集團在內的對話和妥協的政治框架，進而在民眾的支持下，走向憲政民主，是有現實基礎和有可行性的選擇。

　　陳：假設歷史給中國回到1980年代的機會，誰來主導？您曾經接受過「新權威主義」嗎？

　　朱：在1980年代，我並沒有捲入「新權威主義」的討論，因為我厭惡討論主義之類的問題，也不希望將經濟問題和意識型態相關聯。六四之前興起的中國「新權威主義」，其理論基礎主要來自杭廷頓的政治學說，其核心思想是中國的政治民主化需以經濟市場化為基礎，而集權是經濟市場化的前提，所以中國需要政治權威和集權。中國1990年代以來的發展，在一定程度上吸取了

新權威主義的思路。只是，如今的中國距離真正的市場經濟和民主制度不是更近了，而是更遠了。

據說，在六四之前，趙紫陽有一次向鄧小平提到了「新權威主義」，並解釋說：「新權威主義」就是政治強人穩定形勢，發展經濟。對此，鄧小平說他也是相同主張，不過不必用這個提法。應該說，趙紫陽注意和思考過新權威主義，但是並沒有簡單地接受新權威主義。趙在堅持經濟改革的同時，已經開始全面思考政治改革，承認民主化就是政治改革不可迴避的問題。

陳：您不喜歡用「左派」和「右派」去分析中國的政治光譜，但是中國的左右之爭不是一直很激烈嗎？

朱：我的觀點是：今天的中國尚未出現清晰的政治光譜，也就是說，還沒有清楚地形成不同的政治思潮。各種所謂的派別，不論是「左派」還是「右派」，「改革派」還是「保守派」，都處於相當粗糙的狀態。

在今天中國，「改革」如同昨天的「革命」一樣，完全被庸俗化，每個人都以改革派自居。至於改革什麼，每人有每人的含意和解釋。所以，也不可簡單以「改革」來區分中國的政治派別。真正畫線的標準應該是：到底要怎樣的經濟制度、政治體制、法律體系？或者更簡單：到底要不要支持機會平等和社會正義？

我個人反對任何政治傾向下的激進主義和激進派，因為不論是「左派」還是「右派」都有極端主義，都會「唯我正確」，拒絕多元、寬容和妥協，導致破壞而不是建設。中國最需要的是理性和對話。而要實現這樣的轉變，中國的執政集團是否有新思維最為重要，因為他們現在擁有權力和一切資源。

陳：您似乎借用了西方左派的部分資源，主要是解放主義式

左派（libertarian left）的部分觀點？

朱：就我的思想資源來說，很雜。是的，left-libertarianism對我很有影響，我希望人民在經濟和政治上都享有真正的自主權力。為此，就必須限制國家和大公司的權力，尤其要制止現代國家和跨國公司的聯盟。在產權方面，我不是簡單的私有制主張者，而是支持self-ownership，欣賞合作經濟。此外，我支持地方貨幣。

在經濟學思想方面，我接受亞當・斯密的基本理念。當然，奧地利學派對我也有很大的影響。當代人類在經濟領域的深刻危機，源於人們日益脫離自由競爭的市場經濟。我認為中國不過是一個特例而已。

陳：您最大的關懷似乎是不希望中國未來失序，希望各類危機得到理性的緩和？

朱：中國現在最重大的問題是：已經不可能再按照現在的模式運行下去了。當然，我不是說立即，不是說明天都過不下去了。此時此刻，「中國模式」還有一定的能量和慣性，還沒有走到盡頭。至於還能持續多久，三年五載大體沒什麼問題。而且，如果中間冒出幸運的因素，還可能會延長。但是，如果不尋求變革，爆發嚴重危機僅僅是時間問題了。我希望中國能避免危機的總爆發，希望在這個時刻到來之前，危機可以分流，甚至化解。

至於中國是否已經有了明確的替代性的發展模式？目前還沒有。所以，我認為唯有回到1980年代，以胡耀邦和趙紫陽的歷史遺產作為各方現實力量的妥協基礎，完成胡、趙在1980年代本來要做的事情，為此糾正步入歧路的「改革」，才是最現實、最理性的當前出路。1980年代不是久遠的時代，我希望、也試圖讓大家接受我這個想法。

六、補充提問

陳：2012年1月，台灣遠流出版了您的大作《從自由到壟斷：中國貨幣經濟兩千年》。關於這本書的寫作過程，您在後記中做了詳細介紹。您最主要的問題意識是什麼？

朱：我試圖對中國兩三千年的貨幣經濟史做一次重新的梳理和解讀。概括起來就是：貨幣經濟史證明了中國兩三千年的歷史，確實是從自由到壟斷的歷史。中國自由經濟的歷史二、三千年，壟斷的歷史充其量不過是七、八十年。以貨幣經濟而言，直到1933年「廢兩改圓」，和1935年「幣制改革」，中國貨幣經濟的自由傳統才真正完結。這本書的主要目的是告訴人們：雖然當代世界所有國家都實現貨幣壟斷，但是在中國因為實行黨國體制、極權政治一體化，使貨幣完全淪為了政府的工具。這樣的貨幣經濟究竟會怎樣演變下去，我並沒有結論，但是我把問題提出來了。

陳：海耶克對您有多大的影響？哪些方面的影響？

朱：我讀海耶克的東西讀得很早，可以追溯到1970年代，我那時讀了他的《到奴役之路》。但是，我真正大體讀懂海耶克的經濟思想史是在1990年代初期。那時我在哈佛大學和MIT做訪問學者，有點時間反省中國經濟改革的不徹底性。2000年之後，到了維也納，來到了海耶克讀書和生活的地方，拉近了和他的距離。我在維也納認真讀了海耶克的《貨幣的非國家化》，深受啟發。人們認為他的貨幣非國家化思想是烏托邦，我卻根據中國幾千年的貨幣經濟史證明：貨幣的非國家化不僅在中國曾經存在過，而且是中國經濟歷史的重要基礎所在。

陳：您怎麼看占領華爾街運動？在中國大陸，反壟斷的社會

支點可能何在？

朱：我並沒有簡單地反對全球化，我認為全球化有很大的進步意義。只是冷戰之後的這次全球化，導致並加劇了中國走向國家壟斷資本主義。它使共產黨和華爾街建立了聯盟，產生了從來沒有過的一種政治經濟的變異，就是極權的政治資源和資本的力量結合在一起，形成經濟壟斷和對自由前所未有的壓制。這是為我的理念所不容的。占領華爾街是一種浪漫主義的挑戰，對華爾街和當代金融制度不會產生實質性的衝擊和改變。但是，它對於年輕人形成新的思想，會有積極的影響。至於中國反壟斷的支點在哪裡？在中國民間！主要是廣大的中小企業家，以及獨立的知識分子。

陳：您夫人柳紅最近以獨立參選人的身分，參與北京的基層人大選舉。是否可以說，基層人大選舉能否逐漸開放，是當局對政治體制改革的態度的重要指標之一？

朱：柳紅獨立參選北京朝陽區人大基層選舉，是對民主的一種實踐。在這個參與過程中，柳紅和她的支持者得到兩個重要的初步結論：第一，現政權對基層人大選舉是絕對控制。與1980年代那次人大代表選舉相比，不是進步了，而是大大倒退了。目前為止，現政權在民主改革方面寸土不讓，寸步不退。第二，一旦大環境發生變化，基層人大選舉的進步改革並非是一件難事。目前基層幹部對於政治體制改革採取對立態度，不是因為他們的思想，而是因為現存的利益。

陳：您曾經參與海外民運，後來退出。如今，您寄多大希望於自上而下的政治改革？

朱：在我看來，中國已經大致具備了啟動民主轉型的硬體和軟體條件。從民眾的覺悟、社會需求來說，時機已經成熟。但

是，統治集團仍拒絕這種轉型。而這也不是因為他們的觀念，而是因為受制於各種既得利益集團。中國人從來講天時地利人和，所以民主轉型需要大的歷史環境的變化，首先是執政黨內部的變化。在這個問題面前，需要有耐心。其次，民間要自我學習，積累力量，要溝通、要組合。

陳：您怎麼看台灣的政治轉型？隨著大陸政經軍事實力的不斷壯大，您估計兩岸關係可能如何演變？

朱：從第一次來台灣到2011年的台灣之行，整整相隔二十年，兩岸格局出現了新的特徵。我歸納這樣幾點：第一，在經濟方面，彼時大陸希望引進台灣資本、技術和企業，此時中國大陸經濟完成「崛起」，對台灣經濟需求大為減少，而台灣對大陸經濟的依存度卻顯著上升。第二，在軍事方面，彼時大陸和台灣基本平衡，甚至台灣還有某些優勢；此時，大陸軍事實力迅速崛起，占有越來越明顯的優勢。第三，在政治制度方面，彼時中國六四之後，強化極權主義和威權政治；台灣啟動民主化進程。此時大陸依然拒絕民主化，共產黨在政治上高度僵化；而台灣完成了兩次政黨輪替，占據了制高點。國民黨進步了，民進黨對台灣政治轉型的貢獻也需要充分肯定。

台灣民主制度的發育和成熟，是否可以成為制衡中國經濟軍事實力膨脹的一種力量，現在還難以下結論。隨著台灣對大陸的開放，台灣的民主制度對中國大陸的影響越來越大。甚至可以說，形成了某種程度的衝擊，至少徹底推翻了中國人不可以搞民主的說法。

現在，兩岸都是變數。大陸是大變數，台灣是小變數。大陸在未來二、三十年間，會有進一步的制度變革和轉型；而台灣已經走向穩定的歷史時期。在這樣的視野下，兩岸的相互影響，就

不僅僅是一個量的問題、規模的問題、硬實力的問題，而且是一個質的問題、機制的問題、軟實力的問題。我希望台灣為大陸未來的進步和轉型，提供更多的經驗，起到更為積極的示範作用。

　　我在1990年參加了台灣民主基金會的徵文比賽，題目是「民主再造中國」。我獲得了頭等獎。二十年後，我的這個理念也沒有變化，希望「民主再造中國」成為未來中國的選擇。

為中國尋找方法

王力雄訪談

王力雄

1953年出生於長春。1968年父親在文革被關押中去世,隔年隨母親下鄉。插隊期間,一度受毛澤東主義感召成為知青左派。1973年作為工農兵學員進入吉林工業大學,主修汽車設計。1975年萌發「逐層遞選」的民主方法構想,後來理論化為「遞進民主」論。1980年後脫離體制,改行寫電影劇本和小說,包括改革題材的《天堂之門》,黃河漂流之旅的紀實小說《漂流》,和著名的政治寓言小說、帶有強烈生態意識的《黃禍》。自1990年代起,長期關注西藏與新疆的民族問題;並主張以範圍縮小、隨時選舉、議行合一的遞進民主制,在中國兌現自由和民主的理念,實現相對平順的政治轉型,同時化解漢藏、漢維之間急遽升高的民族對立。2009年後,曾推動與達賴喇嘛通過推特與網路視頻進行的漢藏對話。多年來對多黨競爭式的代議制民主進行反思,認為其有縱容消費主義、在民族衝突中助長政治極端主義的弊病,並在中國結束長期專制的民主轉型期間難以避免社會動盪。在小說之外,寫有《溶解權力:逐層遞選制》、《天葬:西藏的命運》、《遞進民主》、《我的西域,你的東土》等書。

一、早期經歷

王力雄（以下簡稱「王」）：我1953年出生於長春，父母都是山東人。我父親出身農民家庭，15歲在中學時投奔了共產黨的八路軍。我母親1940年代末期在國民黨控制的青島搞學生運動，加入了共產黨。

陳宜中（以下簡稱「陳」）：您父親在文革期間遭批鬥，被關押中過世，這對您產生了哪些影響？

王：我父親是長春第一汽車廠的負責人之一。那是蘇聯援助的項目。我當時上的是以幹部子女為主的「長春八一學校」，文革開始後解散了，我就沒有繼續上學，等於中學一天沒上。1966年文革開始時我是小學六年級，那時小學生一般不參加文革，但我們學校是小學、初中合一的九年一貫制，小學高年級生也裏進了一些。「大串聯」時我也跑出去，最後只剩我一個人，在各地晃了兩個多月。以那年代的通訊條件，出門跟家裡無法聯繫。家裡對13歲的孩子兩個多月沒消息也不著急。

我父親的變故，對我的影響當然很大，但到底是哪些影響，我也說不清楚。他被說成「走資派」和「蘇修特務」，後一罪名是因為他曾經跟蘇聯專家有比較密切的工作交往。他是1968年9月去世的，去世前已被拘押了近一年。正式說法是「自殺」，也有人說他是被打死的，但都無從查證了。當時這種「自殺」的家庭悲劇我周圍的朋友和同學都有不少；那個時代人的承受能力要比現在大，因為周圍的環境早已給你了很多心理積澱。但打擊還是不小。

陳：能否談談您的下鄉經驗？

王：我是跟我母親去農村的，她被下放到吉林省東豐縣。那

時很多人即使到了鄉下，周圍有城裡一塊下去的同學或其他幹部家庭，形成自我的小圈子，不會和農民有深入接觸。我比較不一樣，因為周圍人只有我是從城裡來的，每天和當地農民在一起。生產隊讓我做會計，也就成了生產隊領導班子的成員，幹了兩年。那一段歲月使我真正了解農村，也是了解中國，是我生命中很重要的一段。

下鄉之前，我的反叛是比較頹廢的，就是那種所謂「垮掉的一代」。因為文革的家庭遭遇，對世界憤世嫉俗，對一切橫眉冷對，有一種報復社會的心理。那時父母都被關押，我家裡有很多藏書，我讀了很多文學作品，總把自己與小說裡的沒落貴族之流相比。下鄉以後，做了一番自我改造，想從頹廢中振作起來，去尋求一些更偉大的社會意義，把個人犧牲視為換取社會進步的必要。那時我一度具有知青左派的色彩。

陳：受毛主席的感召？

王：那年代什麼都脫不了毛的影響。自我改造中間有一種振奮人心的東西，只是很難描述。比如說，即使一天勞動很累，但當回到房子裡讀書，油燈下有一把野花插在瓶中，周圍物品都很破舊，你心中會產生一種審美，甚至有一種自我欣賞的感覺。

陳：您是以「工農兵學員」的身分去上大學？

王：1973年我去了吉林工業大學。我進這類「工農兵大學」並不容易，因為我父親還屬於「黑幫」嘛。但負責招生的是我父親所在的「一汽」的工人，他們同情我父親的命運，也就對我網開一面。當時對父母有問題但本人表現還不錯的人有個專稱，現在聽上去挺可笑──「可教育好子女」，大學招生時給一個很小的比例，我就算那種人。

陳：您寫小說和劇本的興趣，跟您母親是電影製片編輯有關

嗎？

　　王：有一定關係。我們家的藏書很多，雖然在文革期間損失了一些，相對來講還是不少。文革以後正好不用上學，我就把這些書全看了一遍，絕大部分是西方古典名著。1967-68這兩年，是我讀書最多的階段。當然下鄉插隊以後也讀書，但讀的主要就是政治性書籍了，還有當局以批判名義在內部出版的書。

　　陳：您在工農兵大學，學的是什麼？

　　王：工農兵大學現在被當做中國教育史上恥辱的一段，我卻慶幸我上的是工農兵大學。它除了政治上有要求，其他方面都很自由。不考試，不留作業。我的專業是汽車設計，但是要用很多時間學馬列主義。那也不算浪費時間。我們這一代人的政治學、社會學或歷史觀點的啟蒙，基本都是從馬列主義來的；雖然馬列也包含了很多八股，跟文革那套的差別還是挺大的。我的「遞進民主」最初的萌芽，就是1975年在工農兵大學時產生的。

　　陳：您從何時開始對文革、對毛主義產生懷疑？

　　王：我在工農兵大學裡讀馬列時，很大程度上已經是「以馬批毛」了，是想從馬列主義去尋找否定文革和毛的思想資源。我當時主要的思路是：我贊同共產主義理想，但中國只搞了財產公有而沒有實現權力的公有。如果權力仍然是私有的，財產公有反而會變成一種最壞的狀態，因此我提出「共產必先共權」，消滅私有制必須包括消滅社會權力的私有制。這想法是在1975年形成的。1978年我在北京貼出關於這個想法的小字報。

　　陳：去「西單民主牆」貼小字報？

　　王：對，那份小字報的標題就是「共產必先共權」。那時起我就被當局掛號了。1975年我對消滅權力私有制想出了一套方法，起初只是關於選舉的「逐級遞選」方法，後來逐步發展為更

完整的「遞進民主」。

　　陳：您畢業後被分發到哪個單位？

　　王：先被分到長春的第一汽車廠（一汽），也就是我父親當年的工廠，我自願要求去當車間工人。做了一年多以後，我自己活動調到湖北的第二汽車廠（二汽），「一汽」和「二汽」都是有數萬職工的巨型企業。我在「二汽」搞企業管理的計算機應用。一年多後，我認識到單搞企業管理不能解決體制問題，本來我對工科和企業也沒有太大興趣，便去了一個製片組，跟著去拍電影、寫劇本。從1980年我就基本脫離了體制，不再拿單位工資，一邊拍電影一邊自己寫作。《天堂之門》（1983）和《漂流》（1987）就是在那個階段寫的。《漂流》是非虛構小說，寫的是我的黃河漂流之旅和後面實際發生的個人故事。

　　陳：那時，您跟北京的文學圈子有往來嗎？

　　王：我第一篇公開發表的文字〈永動機患者〉是1978年在北島主編的《今天》上發的。但我當時跟他們並沒有更多往來。

　　陳：您的第一本小說《天堂之門》在台灣找不到，它的題材是什麼？

　　王：《天堂之門》是我正式出版的第一本書，是企業改革題材。《天堂之門》曾獲得「茅盾文學獎」提名，據說差一點得獎，《人民日報》也發過讚譽的書評。當時我一度被主流接受，我也在那時由文化部副部長陳荒煤和作家朋友史鐵生做介紹人，加入了中國作家協會。但我沒有在那條路上繼續走下去，我天生不喜歡主流，更何況是充滿黨八股的主流。後來我以發表公開信的方式批評中國作協，並宣布退出作協。

　　陳：在《漂流》之後，您寫了警世小說《黃禍》。這本小說在華人世界流傳很廣，跟您的名字至今還是連在一起的。您何以

會寫這本小說？跟六四有關嗎？

　　王：《黃禍》1988年動筆，1991年出版。八九天安門運動時停了一段，那時我每天去街上和廣場看。我沒有參加運動，即使想參加也參加不了，因為我的身分當時屬於政府方面打壓而學生方面看不起的「社會閒雜人員」（就是沒有單位的人）。六四之後，我把那時的一些觀察和想法融入到《黃禍》寫作中。

　　陳：如果沒有六四，《黃禍》的寫法會很不同嗎？

　　王：應該也不會。從1980年代開始，我就覺得中國社會存在很多無解的問題，認為當時「改革開放」的大方向有誤區。《黃禍》中的「綠色思想」，對消費主義的質疑，在六四之前就形成了。當時看了如羅馬俱樂部《增長的極限》那類書，但更多的是一種直覺：全民對利益的瘋狂追逐和對消費的無限欲望，最終一定會帶來嚴重問題。

　　陳：1980年代的利益追逐和消費欲望跟今天相比，簡直小巫見大巫。

　　王：當然是。這可能是我的問題所在。我總是把問題看得太提前，太嚴重，這是我的習性。當然，我至今仍然覺得大方向沒有錯，我的憂慮並非空穴來風。因為個人的人生很短暫，向前展望時心理上就會不自覺地壓縮預期時間。但在人類的歷史長河中，即便預期被拖後了幾十年，又算得了什麼？也只是彈指間啊。我寫《黃禍》時的消費主義，跟現在比的確不算什麼，但是才二十幾年就發展成現在這樣子，再過二十年又會如何呢？《黃禍》為什麼描寫中國人出走世界？就是因為中國這塊土地養不了，人們只好向外求生。當然，中國後來的進程跟我寫的不一樣，鄧小平1992年後在經濟上徹底擁抱資本主義，使中國社會發生了跟《黃禍》不一樣的變化。但那不過是繞了一個彎而已，

《黃禍》的大方向至今還在，中國現在還在往那個方向走。

六四為《黃禍》增添了素材，但對書的基本邏輯沒有大的影響。我擔心的生態問題和社會整合問題，不管有沒有六四，有沒有鄧小平九二南巡，都仍然存在。比起1980年代，現在這些問題更迫切了。

陳：您如何理解社會整合？

王：整體來說，我認為一個社會需要有三種大的整合。其一是生態底座，如果生態好的話，最低限度大家可以各自去耕田、放牧或採集狩獵，有保持基本秩序的物質基礎；再一個是道德框架，如果社會成員都有道德底線，即使政權崩潰，沒有了警察和法官，人們還是可以和平相處，共同遵行道德基礎上的秩序；第三種就是靠政權整合。如果三種整合全有的話，那是一個禁得起風浪的社會。但是在中國，生態底座和道德框架已經解體，唯一剩下的就是政權依靠強力的整合。這種整合看似強悍、不可動搖，卻隨時都可能發生突變。

《黃禍》寫的就是這個。一旦政權崩潰，沒有了道德框架支撐的社會就會發生人與人的相互爭奪。偏偏生態底座也已喪失，政權崩解使得社會壓榨生態的能力大大減弱，資源供給必然萎縮，崩潰就會愈演愈烈，無法收拾。

二、遞進民主

陳：您提出的「遞進民主」與主流的代議民主（含多黨選舉競爭）多所不同。「遞進民主」是一種自下而上的逐級遞選，它顯然從巴黎公社得到了不少靈感。您在《遞進民主》（2006）書中，敘述的順序是先談中國的專制及其導致的整合危機，再申論

西方式的代議民主何以在中國未必可行，然後解說「遞進民主」的操作方式。我想就按照這個次序，先請您說明您對代議民主的主要批評。

王：首先我當然認為中國若能順利地實行代議民主，會比專制好很多。但是我覺得更該提醒的是：代議民主制度未必能解決中國的問題。西方現行的代議民主是在長期的循序漸進過程中形成的，而中國沒有這樣的過程，推行代議民主可能造成較大震盪，甚至帶來難以挽回的結局。長期專制給中國造成的社會整合難題，使得用什麼方法去實現自由和民主的理念變得非常關鍵。我認為至少在今日中國，代議民主很可能不是最好的方法。

我對專制持有絕對的批判，我也被中國警方視為反對人士打壓，但是我特別強調方法，看重具體的操作。我這種經歷過文革的人對籠而統之的「民眾」抱有深刻懷疑。這並不是說我不覺得民眾利益是最高的，只是民眾一旦變成烏合之眾，會做出很多恐怖的事情。我們要打倒暴政，但也要防止暴民，這一點我覺得特別重要。現在人們只說打倒暴政，這我當然支持，但我們怎麼防止暴民？

我擔心代議民主在中國可能導致多數專制的暴民政治，這是其一。第二，我認為西方現行的民主制度無法解決我特別關心的兩大問題：一個是消費主義問題；另一個是民族主義問題。

陳：請您先談暴民或民粹政治。

王：代議民主常造成一種廣場效應，讓政治極端主義有機可乘。我始終擔心代議民主的選舉競爭，在中國環境下會形成趨於極端的賽跑。對於這種廣場效應，我觀察八九天安門運動深有感受。你會看到當時廣場上每一個理性的聲音都被哄下去，極端的聲音得到掌聲和喝采。就連六四早上最後決定是否撤離時，也是

廣場上同意和反對撤離的雙方比賽吶喊，以哪邊聲大哪邊聲小來決定。這麼重大的決策是靠喊的聲大聲小！

還有一個共生的問題是，由誰判斷哪個聲大哪個聲小呢？只能是一個人或是少數幾個人。這是一種「離不開主持人」的民主，中間能玩的花招太多了。中國共產黨式的假民主，包括現在村霸操控的村民自治，都是這麼玩的。

在廣場上欺騙十萬個陌生人要比欺騙身邊十個熟人容易得多。群眾愈激動，聚集愈多，善言辭會煽動的政客就愈是如魚得水。中國若是實行了代議民主，各種力量的首要目標將是跑馬圈地，爭搶制高點，什麼能贏得最多民意和選票，就把什麼炒作到極致，達到贏家通吃。那其中蘊含的危險，可不是把「民主」二字當成政治正確可以解決的。

陳：消費主義和民族主義問題，您怎麼看？

王：我承認資本主義加代議民主最能調動創意與活力，是最有利經濟發展的制度，但當人類開始面臨消費主義和生存環境的衝突時，以鼓勵個人自由發展為目的、政府合法性來自民眾普選的代議制度，是無法有節制社會的能力的。自利是人的天性，放縱的自利會成為貪婪，而只要缺乏節制，自利一定放縱為貪婪。在這一點上，可以說代議民主是一種縱容貪婪的制度。選民的要求就是收入不斷提高，消費不斷增加。經濟增長指標成為最高指令，逼迫所有政治家或政客都要服從，想懸崖勒馬都勒不住。這種由貪婪個人匯集的民主，只能走上物質主義的不歸路。

人類要有自由，我絕不否認，但人類也要有「節制」。沒有節制的話，一定會出現人類和生態的最終衝突，只是早晚而已。我與自由主義的距離主要在於這個方面。我主張在自由的平台上建立「節制」，靠什麼呢？就是「遞進民主」。

消費主義跟民族主義或族群衝突之間是有連帶關係的。消費主義帶來資源的爭奪。這種爭奪往往是以族群或國家為單位，比如說，新疆的民族衝突在很大程度上是由於移民，移民造成了水資源的爭奪。當人類的消費欲望越來越擴張，資源又越來越緊缺，這種衝突也會越來越加強。中國很多的民族主義情緒，針對西方的、針對少數民族的、針對漢族的，其實都是在消費主義和經濟擴張的背景下產生的。

在中國，消費主義和民族主義這兩大問題都比西方要嚴重。生態的極限在中國已經不遠。至於在中國60%領土的新疆、西藏、內蒙古的民族衝突，中國若是實行代議民主，那不會是達賴喇嘛說的「只要中國民主了，民族問題一個星期就可以解決」，更大可能是各民族的極端主義走上前台，成為主導。

陳：您在《遞進民主》中曾以台灣為例。

王：如果現在的中國政府打台灣，會被認為是專制對民主的進攻，民主國家會為此保護台灣。但若中國實施了代議民主，在極端民族主義的鼓動下，選民以符合程序的多數投票贊成打台灣，包括打西藏、打新疆，不是沒有可能的，那時國際社會該如何判斷與對待？我把代議民主稱做「數量民主」。數量沒有方向，或者說只有正負——贊成或反對，然而人的判斷和選擇其實是無限豐富和複雜的。變成一正一負是大大的簡化，而且是不合常理的簡化，往往會把大眾局限疊加在一起，讓局限被放大。真正的民主應該是「矢量」（向量）的，既能體現每個人的意志，又能把所有「矢量」求和在一起，得到的結果不是局限放大而是真正的全局。

陳：不少人認為，代議民主制具有一種「效率」。在特定議題上，51%贊同的政策實現了，49%的相反意見就不能兌現；不

過，大概沒有人會在所有議題上都屬於少數。我同意您說這種
「數量民主」是一種政治簡化，但您提出的遞進民主（所謂「矢量
民主」）又能否克服代議民主的弊病？我們是否轉到這個議題？

　　王：我們可以把究竟哪種民主更好的問題先放下，先從可行
性上著眼。我曾經寫過一篇〈以「遞進民主」實現中國的平順轉
型〉，提出通過自下而上的逐層自治與選舉，循序漸進地把政治
權力從專制手中拿過來。針對藏人自焚我也寫了一篇文章——
〈除了自焚還能做什麼？〉，主張從村莊自治開始做起。達賴喇嘛
要的是整個藏區的自治，那只能等著中共發慈悲恩賜，怎麼可能
呢？如果不可能，為什麼不從小做起，從每個村莊的自治開始
呢？由每個村莊的村民自己制定決策，不再聽官府的，只服從自
己的決策和所選舉的領導者，不就實現了村莊的自治嗎？如果村
莊自治能夠實現，再由每個村的當選村長組成本鄉鎮的管理委員
會，制定決策並選舉鄉鎮長，實現鄉鎮自治……當局當然會鎮
壓，然而人們不是一直都在說非暴力不合作嗎？當局頂多是抓幾
個當選者，不可能把所有老百姓都抓起來吧？那抓了就再選。如
果藏人連自焚都不怕，被抓又算得了什麼？何況也不能把當選定
什麼大罪。非暴力不合作的口號之一不就是「填滿監獄」嗎？就
看是否有決心。

　　這裡要提出「層塊」的概念。「層塊」是由直接選舉者和當
選者構成的。村民委員會和當選的村委會主任構成一個層塊；村
委會主任組成的鄉鎮管理委員會，和當選鄉鎮長又構成更高一層
的層塊。這時的村委會主任具有雙重身分——他是本村委員會的
主任，同時是鄉鎮委員會的委員；他是下級層塊的當選者，同時
是上級層塊的選舉者。他是下級層塊的行政者，同時是上級層塊
的立法者。遞進民主的層塊之間正是靠這種雙重身分連結起來

的。依此類推，鄉鎮長組成縣委員會，選舉縣長……一直到各省委員會選舉的省長組成國家委員會，決定國家大政方針，選舉國家元首。從最基層一直搭建到最高層塊，構成整個國家的管理體系。

遞進民主的結構是就由多個、多層委員會自下而上組成的委員會系統。我稱為「遞進委員會」系統。整個社會被這系統包容。遞進民主的另一特徵是「逐層遞選」。遞進委員會在逐層遞選過程產生，逐層遞選又由遞進委員會完成，二者互為因果。遞進民主首先實現每個層塊內部的「直接民主」和「參與式民主」，再把各層塊用「間接民主」遞進地搭建在一起。

藏區如果能利用遞進民主，先實現村莊自治，到實現鄉鎮自治，再實現縣自治，繼續向上，縣長選出州長，州長組成藏區管理委員會，再選舉出藏區領導人，最後實現整個藏區的自治。先把遞進民主當做手段，自己掌握實現自治的進程，自下而上一個層塊一個層塊逐步實現自治。既能步步取得看得見摸得著的成果，又避免大的衝突和決戰，完成平順轉型之後，再進行全民投票，決定是要實行代議制民主，還是繼續實行遞進民主。

陳：您在1975年就有了「逐層遞選」的想法。但我對列寧的巴黎公社論說，多少有些質疑。列寧說巴黎公社或蘇維埃制是自下而上的，不是一種代議制，因為被指派到更上一層的「受委任者」只是傳達下一層的決定，而且隨時可以被下一層召回。歷史上，這種架構只有在革命時刻曾經短暫出現，都非常短命。列寧後來以中央蘇維埃壓制、毀滅了蘇維埃制，這也是事實。您主張「隨時召回」的制度設計嗎？在所謂的現代多元社會中，「隨時召回」是否可能？這是我的一個疑問。

代議制或代表制的優點在於其效率，缺點在於其「異化」

（代表和被代表者之間的疏離）。但金字塔形自下而上的巴黎公社架構，似乎也有明顯弱點，就是它假設了各種「矢量」不但能合，還能取得一定共識。務實地問，您認為這真的可以運作嗎？試想：在高度爭議的公共議題上，如果第N-1層可以隨時召回派去第N層的「受委任者」，這種體制是否可能因爭議僵持不下，或來回拉鋸而癱瘓？於是演變為比代議民主更異化的政治體制，例如中央蘇維埃的集權專制？

　　王：理論上，中國的人民代表大會制度跟蘇維埃制度相似，都是自下而上的金字塔，而且也有逐層遞選。人民代表大會的鄉級代表由鄉民直接選舉；縣級代表由全縣選民選舉；再往上，地區級或省級代表由縣級代表選舉；全國代表則由省級代表選舉。但是這種選舉是虛假的，是被操縱的，愈是上層的代表愈受操縱。

　　問題首先在於選舉的規模。中國的鄉鎮往往有幾萬人，縣則有幾十萬甚至上百萬人。在這麼大的規模中是不可能進行充分溝通的，如相互協商、串聯、熟悉候選人、了解執政情況等，只能依靠主持人，而主持人就會利用主持的權力去操縱和把持選舉。「遞進民主」主張從社會最小單位開始民主化。這個你千萬不要小看，最小單元可以實現充分的溝通，正是解決弊病的關鍵，是真正民主化的基石。金字塔結構本身不是錯，專制權力的金字塔也是因為溝通需要。一個皇帝管不了一千個縣官，只能管幾十個總督；每個總督管若干個知府，每個知府再去管若干個縣官。民主更需要充分的溝通，因此同樣可以利用金字塔結構，只是要調轉方向──權力的源頭不在上而在下，自上而下的金字塔變成自下而上的金字塔。

　　第二個不同是，中國人民代表大會是定期選舉，「逐層遞選」

可以隨時選舉，以新人取代原有的當選者，這類似你說的「隨時
召回」。蘇維埃的「隨時召回」之所以最終變得有名無實，同樣
是因為規模。當不可能自發地協調串聯進行重新選舉時，主持人
便會想方設法控制選舉。蘇維埃制度後來的發展的確如此。遞進
民主的隨時選舉相當於皇帝可以隨時罷免手下的官員。既然不可
想像皇帝只能定期罷免官員，為什麼民主就只能定期挑選官員
呢？代議民主的定期選舉更多是因為大規模選舉無法隨時舉行，
是出於技術限制的不得已；遞進民主卻是在技術上找到了方法。

　　不必擔心因此會頻繁更換當選者。「隨時選舉」的規則使得
每個當選者在決策前都會先在頭腦中「模擬選舉」，想方設法迎
合多數，反而使選舉在很大程度上無需發生，甚至可能比定期選
舉還少。既然皇帝不會因為有隨時罷免的權力就不停地撤換官
員，為什麼擔心民主會這樣做呢？如果民主是那樣無理性，我們
又爭民主幹什麼呢？

　　還有一個不同，「遞進民主」是「議行合一」。中國的人民代
表大會只是「議」，也就是立法（甚至這也是假的）。而具體執行
權力的行政系統，全是自上而下任命。「遞進民主制」的「議行
合一」並非把立法和行政的權力合在一人身上，而是合在一個體
系中──每個當選者是下級層塊的「行政首長」，同時是上級層
塊的「立法者」。立法與行政既有聯繫，又有制約，而且比分立
的權力有更多層的制約，卻能避免分立權力之間的脫節與對抗。

　　遞進民主的轉型不需要重新規劃與建立「層塊」，不需要從
頭建一套新體系，不會把原有社會組織推倒重來，因為它需要的
層塊在社會生活中一直存在，遞進民主只是把權力關係反過來，
社會就從統治結構變成自治結構。區別僅僅在此，對社會結構的
觸動和改變最小，變化卻最為徹底。

　　我之所以能夠在1975年產生遞進民主的基本想法，正是因為那時整個中國都納入在一個單一的權力金字塔中。農村結構是生產小隊、大隊、公社，工廠是班組、車間、分廠、總廠，結構非常清楚，只要權力源頭一調就行了。如今隨著中國社會的多元與複雜化，產生很多民營企業，多種生存狀態。適應這種變遷，我把社會組織分成私權、眾權（集體）、公權三種性質。私權組織不實行遞進民主，眾權組織可自行選擇，公權組織實行遞進民主。

　　「縮小範圍」和「隨時選舉」是遞進民主的兩個基本點。民主的範圍縮小到社會基本單元，再由隨時選舉（逐層遞選）組合在一起。而只有把民主的範圍縮小，每個範圍才能實現充分溝通和隨時協商，決策和選舉都無需依靠主持人，也才能實現隨時選舉——大家相互表個態，馬上就能得到結果。

　　陳：關於司法，您有何制度設計？

　　王：我的想法是，需要設置法官和檢察官的遞進民主層塊，以三分之二多數選舉法官和檢察官。遞進民主結構的每個層塊可以在不違背上級層塊立法的前提下自行立法（或制定規則）。每個層塊的法官、檢察官根據本層塊立法行使本層塊內的司法和檢察權。只要不招致本層塊三分之二多數的反對，法官和檢察官就可以相對獨立地行使職權。關於遞進民主的司法不是幾句話能說清楚，需要另做專門的討論。

　　陳：到了縣級、地級或省級，在您的設計裡，會出現一個龐大的官僚隊伍嗎？

　　王：遞進民主制一樣需要公務員系統。較高層塊的行政首長需要公務員輔助其行政。但遞進民主中的公務員由每個層塊自己供養，因此會盡可能地精簡。

陳：公務員系統屬於公權力，所以也要實行遞進民主？

王：不，公務員只是輔助行政首長，必須服從，不能自治。保證這一點的前提是任命制，不服從即可撤換。因為行政首長處於本層塊「隨時選舉」的制約下，所以不必擔心濫用這種任命。另外重要任命都要經過層塊批准，也是一種牽制。

陳：我注意到，其他論者對遞進民主論的批評，您最近少有回應。

王：我原本對批評是積極回應的。我還辦過一個「遞進民主」網站（2007年被當局關閉），目的就是與批評者進行討論。後來我的回應逐漸少了，原因既有想用更多時間去做原創研究和寫作，也有覺得批評者沒有認真讀我的文本。比如我從1970年代就論證何以人民代表大會制度是專制工具，根源就在於過大規模造成的無法溝通，通過主持人操縱把人大變成橡皮圖章。但遇到只是按照自己想像的批評者，仍然說遞進民主和人民代表大會一樣，也就疏於繼續回答。不管怎麼樣，我想了幾十年，如果對方聽了幾分鐘就自信滿滿地全盤否定，就很難找到對話的介面了。

陳：您認為，遞進民主可以容許多大程度的寡頭化？理論上，第N層塊必須對第N-1層塊負責，但第N層塊所掌握的資源（包括財政收入、文官體系、警察等）要比第N-1、N-2、N-10多得多。遞進民主制度的穩定性，從我的直覺，似乎意味一定程度的寡頭化。您是否考慮過這方面的問題？

王：這是對遞進民主最常見的質疑。但是美國總統不能利用三軍統帥的身分讓自己成為終身總統吧？只要社會已經在憲法意義上接受並實行了遞進民主制，軍警就不會執行那樣的命令。N-1層塊也會立刻罷免N。如果N聯合N-1一塊篡權，N-2則會罷免N-1……即使所有當權者聯合起來要廢除遞進民主制，但權力

是以人的同意為前提的，會面對整個社會的不同意和不服從，他們也就不會有實際的權力。即使占領了中南海，也不過是占領了一個大院，社會並不因此服從。

還有人說，遞進民主的最高層塊因為與老百姓隔著好幾個層次，以權謀私不會被發現，也拿他們沒奈何。但這不會發生。遞進民主結構除了最基層和最高層，其他節點都是雙重身分，同時身在下級層塊和上級層塊，這形成了一種經驗延伸的鏈條，成為普通民眾制約上層的手段。當選者在本層塊內不敢謀私，否則會被罷免。當他進入上級層塊，雖然隔了一個層次，下級層塊仍能知道上級層塊的主要情況（何況還有制度保證的透明性）。層塊規模愈小，經驗延伸愈多，如果當選者在上級層塊勾結謀私，照樣會被發現和更換。這種「經驗的延伸」存在於每一級，中間不會中斷，一直到最高層，層層都需要對下級負責，最終結果就是對民眾負責。這如同多米諾牌，第一塊壓住第二塊，第二塊壓住第三塊……直到第 N 塊。每塊壓住下一塊的部分相當於延伸過去的經驗。民眾雖然只壓住上一層塊，離 N 隔著好幾層，但就像第 N 塊倒下是第一塊導致的一樣，第 N 塊的任何動作也會通過相互壓住的關係傳回到第一塊，第一塊是最終的制約。

舉例說，中共政治局決定把國庫的錢據為己有，下面老百姓不可能知道，因為相距太遠了。可是中央委員會的人一定知道，因為他們之間的關係是千絲萬縷的。在遞進民主下，N 層塊分贓 N-1 層塊一定會知道。如果 N 層塊為此賄賂第 N-1 層塊，N-2 層塊又會知道。這樣一直下來，除非把全體老百姓都賄賂到，否則總是過不了關的。

陳：您說民營企業或私權組織不納入遞進民主制，這是一種妥協嗎？民營企業一旦大到一定規模，其社會性是很難否認的？

　　王：私權組織不實行遞進民主制，因為那是所有者的個人領地。民營企業工作人員只是受雇者，但是他們可以在自己的居住地加入公權組織的遞進民主結構，也可以在企業內的工會組織（眾權組織）中自願實行遞進民主制，然後納入到公權組織中去。在公權組織的遞進民主中，老闆與雇員的權利同等，而雇員人數多於老闆，遞進民主的最終結果就會是抑制私權組織的惡，同時保留其對社會有利的一面。私權組織和眾權組織不管是否納入公權組織，都要接受和服從所在地的公權組織的法律和管理。

　　陳：您在《遞進民主》書中的說法，並不是只把遞進民主當做一種平順的轉型路徑，也希望在轉型之後繼續實行這種制度。

　　王：我說過可以先把它當做實現平順轉型的方法，然後由民眾選擇是否繼續實行。我的設想是「遞進民主」作為基本法，修改需要很高的門檻。基本法中還應該有人權保障的內容，我沒有去寫，因為我認為一旦實行遞進民主，就會進入自我完善的循環，法治與人權一定能夠得到保證。

　　的確我認為遞進民主優於代議民主。代議民主中參與管理的只是少數人，遞進民主卻可以把全體社會成員包容進不同層塊的委員會，等於全民參與民主管理，個人權利通過遞進結構逐層凝聚為「人民主權」，這是其他政治結構無法做到的。

　　陳：您如何考慮社會流動性的問題？一個農民工可能今年在廣東打工，明年就去別的省分了。張三是北京市某區居民，同時參加了一些NGO或眾權組織，那麼，在您的設想中，他可以參加幾個民主單元？最多可以有幾張票？由於人的興趣、關懷或身分認同具多元性和流動性，遞進民主制會讓大家自由選擇其所屬的民主單元嗎？想棄權的人，不想參與任何民主生活的人，會是處於何種位置？有沒有不參與的權利？所謂可直接溝通的小範

圍，除了自然村之外，在北上廣等大都會如何實行？不喜歡開會的人很多，沒有共和主義參與精神的人很多，您如何安置？

王：恰恰是「遞進民主」可以讓參與成本降到最低。流動性的問題在於人們互相不認識，而且變化太快，然而我說的充分溝通並不需要成為全天候的共同體，不是非得像一個村莊那樣祖祖輩輩互相都清楚。對於現代社會生活的流動和多元，人們只需要在共同從事的「項目」上合作，互相了解，與「項目」無關的部分不需要了解。而遞進民主的每個層塊都是小範圍，決定了人們在那種範圍相互了解的速度可以很快。我經常想，如果當年天安門廣場上的學生實行的是遞進民主，會是什麼樣的結果？天南地北不同學校的學生，以左鄰右舍的帳篷為單位，一個人說五分鐘話，總共用不了多長時間，基本就能判斷出哪個靠譜，哪個不靠譜，然後選出一個人進入上一層。選舉也很容易，表現不好馬上可以撤換，經過幾輪一定會把最合適的人選上去。經過逐層遞選形成的領導核心，跟當時的「廣場指揮部」會不一樣，說不定那場運動的結果也會不同。當然這只能是想像了。

遞進民主制的公權組織一般按地域形成，從覆蓋面上應該可以囊括所有社會成員。公民按照居住地（如業主委員會）加入。當然不強制。美國不也是有一半以上的人不參加選舉嗎？但是當參與成本很低時，就不一定非得需要共和精神才參與，而是因為參與會給自己帶來的好處。

人除了居住以外還有工作和社會活動。農村人的工作地與居住地往往重合，城市人的工作地和居住地卻大部分分開。遞進民主制允許公民從不同渠道同時參與多個公權組織，數量不限，使公民的個人意志從不同側面得到立體表達。而他不管表達多少個側面，也無非等於「1」的自乘，乘多少次仍然是「1」，僅是他

個人意志的分解和細化，不會因此使他的個人意志得到擴大。

陳：您何以認為，這套遞進民主制可以緩解中國的轉型陣痛和民族問題，甚至對消費主義形成克制？您整體的圖像是什麼？

王：在數量民主中，表決被簡化成「是」或「否」，然而完全的「是」或完全的「否」只是兩端，個人意志絕大多數都處在兩端之間的不同位置。即使同一人對某個問題表示了贊成，也只是他的取向之一。例如問一個少數民族人士是否贊成民族獨立，很可能回答「是」，但若問他是否願意為此家破人亡，回答就可能變成了「否」。因此只對單一問題進行表決是誤導，結果也是假象。

人類以往形成的機制已經無法處理今日面臨的全球問題。那些機制促進擴張，今天的人類卻需要節制。由熱中物質主義的大眾直接普選，社會的總體節制如何建立得起來？不能埋怨民眾缺少「放眼世界」的眼光，個人對全球問題有局限再正常不過，全球問題從來不是普通社會成員能把握和該把握的。但是他家水缸被人撒尿，他一定玩命也要制止。而面對宏觀範圍，個人的破壞或保護，作用似乎都可忽略不計。有人往太平洋撒尿，自己能被污染多少？挺身阻止是否值得？代議民主正是把人放在這種關係疏遠且作用渺小的宏大規模中。當民主對個人進行簡化時，個人也會對民主進行簡化，民眾總是重消費輕生態就不奇怪。遞進民主則是要把個人責任放進類似自家水缸的範圍。水缸對世界雖小，對靠它喝水的人卻是全局，不容污染。再通過逐層的矢量求和實現理性的逐層提煉，把每人對自家水缸的守護匯合成對村莊水井的保護，擴展到對地域河流的保護，再匯集成全人類對大洋大海的保護。這種矢量民主進程便是從保護自己開始，形成對人類行為乃至對每人自身的節制，最終解決消費主義的難題。

三、西藏思考

陳：您從何時開始關切西藏？《天葬》的問題意識是從《黃禍》衍生出來的？

王：1991年出版的《黃禍》，對我不是單純的文學，而是對中國未來的真心思考。《黃禍》寫的恐怖場景不是危言聳聽，我確實認為那真有發生的可能。因此寫完《黃禍》後，我決定好好想一想怎樣才能防止那樣的未來。此前我已有遞進民主的基本想法，《黃禍》也寫了逐級遞選的內容。隨後我用了幾年時間把「逐級遞選」理論化，《溶解權力：逐層遞選制》就是那時寫成的。

1990年代世界爆發了多場跟民主轉型相伴的民族衝突，讓我想到中國民主轉型時，首當其衝的挑戰也會是民族問題。跟今天相比，二十年前中國的民族衝突還不算嚴重，可西藏問題、新疆問題都已經存在了。因為我經常去那些地方旅行，比較早地感受到民族衝突的存在。而力圖阻止中國民主化的人也利用民族問題，說民主化會造成國家分裂。大一統意識對中國國民是有說服力的，寧可不要民主也不要中國分裂的說法被不少人接受。因此我覺得應該從中國政治轉型的研究開闢一個分支，認真考慮一下民族問題該如何處理？我對西藏比較熟，幾乎每年都去藏區，就選了西藏問題。原來沒打算為這個分支用太多時間，結果從1995下半年開始，到1998年《天葬》出版，花了三年時間。我當做主體的遞進民主至今沒多少人認，作為分支搞的民族問題卻被當成了我的招牌，現在到哪兒都被介紹為「民族問題專家」，有點搞笑。

陳：《天葬》主要是從中國政治轉型的角度去思考西藏。跟

您十年後的《我的西域，你的東土》（2007）相比，《天葬》更像是一個漢族知識分子的獨白。我注意到，您的基本想法並沒有改變，您認為追求獨立的後果是兩敗俱傷，即使流血也未必能夠獨立，還將使中國的民主轉型胎死腹中。但《我的西域，你的東土》所展現出的同情心和對話願望，比《天葬》要強烈了許多。

王：您說的沒錯，在跟唯色走到一起之前，我雖然多次去西藏，但對西藏是不帶感情色彩的。那時打交道的多是在藏漢人。有一批1980年代志願進藏的大學生，被稱為中國最後一批理想主義者。這些人的圈子雖然經常議論西藏話題，但多是從國家主義的角度。我寫《天葬》之前也有很強的國家主義思維，考慮的是如何「保住」西藏這塊領土，只是反對用高壓方法。在寫《天葬》的過程中，通過對西藏問題的研究和思考，我有了很多轉變。我希望用客觀的態度，居高臨下地分析西藏的不同方面。我對流亡西藏有批評，對中共的批評更多。這是《天葬》的基調，不過仍有國家主義的殘餘。

後來是唯色讓我進入藏人的心靈世界。當然這種轉變也可能帶來一些問題。和唯色的關係會不會讓我在西藏研究上失去客觀性？我開玩笑說有了裙帶關係，需要迴避了。比如我雖然十分尊敬達賴喇嘛，但以前我對他有什麼看法，會直言不諱地表達，跟唯色結婚後就不怎麼說了，因為擔心唯色會不高興。我的確一度淡出跟西藏有關的活動。直到2008年三一四事件後，漢藏衝突的危險加劇，當局倒行逆施，我才又開始介入。

陳：您是指〈西藏獨立路線圖〉那篇文章？您認為官方的高壓維穩只會適得其反，把藏人推向獨立運動？

王：我認為官方的做法十分危險！但是無論如何苦口婆心，事實證明寄希望於官方解決西藏問題徹底無望。我只能想，可否

通過促進民間的漢藏溝通，為將來的和平解決民族問題留下一點可能性？從2009年開始，我推動並且主持了中國網民和達賴喇嘛的兩次推特對話，後來又組織了中國維權律師與達賴喇嘛的網路視頻對話。

陳：您怎麼看達賴喇嘛和中共的互動？

王：如果像達賴喇嘛所期望的，中共願意在整個藏區落實中國憲法規定的民族區域自治，以及藏人的權利，西藏問題就會變得很簡單，達賴喇嘛將會回西藏，海外藏人的政治運動也會解散。境內藏人只要達賴喇嘛回來，有自治的權利，人權有保證，也就滿意了，皆大歡喜。這是達賴喇嘛多年盼望的。他一直表示不想要西藏獨立建國，說整個世界都是地球村了，歐洲都合在一塊兒，藏人為什麼非要獨立呢？只要保障我們的權利，不再擔心我們的寺廟被砸，不獨立有什麼不可以？中國的國家強大，藏族也能借光，等等。

理論上，這些全都成立，但從現實來講只是幻想。中共不會這麼做。而不會這麼做的原因，我在〈西藏獨立路線圖〉裡面說了，就是吃反分裂飯的官僚集團要用反分裂謀取權力、地位和資源。這樣的部門有一堆──十三個省部級以上部門涉藏，算上跟反分裂有關的省部級部門則有二十幾個。這些部門都有專門負責民族問題的機構和人員，他們會用各種方法抵制和綁架中央，長期以來形成了一個利益同盟，從印把子（官章）到槍桿子到筆桿子什麼都有，按照他們自己的邏輯自我運轉。2008年三一四事件發生後，所有反應都是按反分裂集團的意志自動運行，其後果是把民族對立愈搞愈厲害。在此之前，西藏境內沒有多少西藏獨立的內在動力。但在三一四事件之後，情況已經改變，反分裂集團的所作所為讓西藏獨立的意識在西藏境內覺醒。

陳：內在動力是指什麼？

王：就是指普通民眾開始有了追求獨立的意識。三一四事件是個分水嶺，它讓民族問題變成了種族問題，變成了種族之間的血債，一直延續到近幾年的自焚。你以為中共會擔心種族對立？實際上，正是吃反裂飯的官僚集團不斷強化仇恨，一步步把藏民族推向追求獨立的道路上。當藏民族中的多數人都有了追求獨立的願望和訴求時，差的就只是歷史機會了。

陳：機會或機運，賭的是中原政權出現危機，甚至外國勢力介入？

王：這種機會可遇而不可求，只能等待。不過他們的基本判斷沒錯，中共政權最大的檻──民主轉型的檻沒過，而世界不會有任何政權永遠不過這個檻，總有一天遇到。而那時往往國家控制力會大大衰落，國際介入力卻大大增加，在民族獨立人士眼中那就是機會。

我也認為民主轉型是中國的難關，如果不提前循序漸進地自覺過檻，總有一天會發生突變。突變可能造成社會崩潰，崩潰又可能導致暴政重新上台，進入新的惡性循環。即使突變帶來某種轉型，也要付出巨大代價，包括國家分裂、人民流血和生產力大幅倒退。

現在中國思想界有個很大問題，就是只說「應該怎樣」，不從「能夠怎樣」談問題。藏人也是這樣。鼓吹西藏獨立的人說「應該」獨立，我不反對，我認為藏人有追求獨立的權利。但是你得面對現實。政治正確是一回事，能不能實現是另一回事。追求獨立的代價是多大？付出那麼大代價又能否真獨立？我跟藏族朋友說，我寫〈西藏獨立路線圖〉向漢人展示了西藏獨立的可能性，不過站到藏人的角度，我並不認為這種可能性很大，反而要

付的代價非常非常大。

陳：您說中國若無法平順轉型，終將面對突變式的崩潰危機。您希望中國不要爆發這類危機，可有些人寄希望於這類危機，以獲得獨立的歷史機運，不是嗎？

王：我不否認中國崩潰將是西藏獨立的機會。但我不認為中國崩潰西藏一定可以實現獨立。在中國崩潰中西藏能自保嗎？依附中國的西藏經濟是不是也會隨之崩潰，並造成社會動盪？藏區內的漢人和藏人會不會發生流血衝突？內地求生困難的漢人會不會大批擁入西藏？漢人軍閥會不會占領藏區，就像民國初年做過的那樣？實現獨立的可能性不能完全排除，但是渺茫，而且一定伴隨人民流血的災難！

陳：您怎麼看所謂的「大藏區」自治？中共說這不是中間道路，是分裂國土。

王：流亡西藏雖然沒有提「大藏區」，但確實提出「整個藏區」的概念。整個藏區除了現在的「西藏自治區」，也包括藏文化覆蓋的四省藏區。我不認為「整個藏區」的自治會構成多大問題，反而是藏區分割統治會出問題。譬如1950年代那次所謂的「叛亂」，很大程度是因為四省藏區按照內地政策施政，搞社會主義改造那一套，而西藏自治區境內實行一國兩制，由達賴喇嘛的政府管理。一邊是傳統制度和政府，另一邊是社會主義改造，鬥牧主、分牛羊，藏人怎麼能明白？

陳：在中共之外，不少大陸（漢族）自由派也不支持「大藏區」，擔心在這麼大的區域搞自治，未來可能還是要搞獨立。

王：我不認為把藏區合併會對中國構成多大威脅。文革前中國分過好幾個大區，西北局、東北局、華東局、華中局、華北局什麼的，每個局都跨好幾個省。過去曾有建議在西藏自治區之

外，再設一個東藏自治區，把四省藏區放在裡面。或者也可按照藏人傳統，分成安多、康巴、衛藏三個區，上面再設一個大區來管理。這對主權沒有任何影響，跟「藏獨」有什麼關係呢？

很多人是因為不理解，才說高度自治就等於獨立，或說高度自治會導致獨立。可是你軍隊在那駐紮，外交是中央政府管，怎麼算是獨立呢？讓整個藏區高度自治，放在相對統一的文化傳統中去管理，我覺得沒有壞處，只有好處。比如唯色的老家德格，那裡有個印經院，收藏了非常古老珍貴的經版，但是因為德格屬於四川，四川有很多漢族的文物古蹟，德格印經院受不到特殊重視，得到的支援也少。如果屬於藏區管理，一定會被列為最高級別，得到更好的保護。

陳：為什麼中共一直說達賴喇嘛要求的自治是變相獨立？

王：統戰部的很多說法根本無法認真對待。達賴喇嘛說他就像念經一樣，天天說不獨立、不獨立！統戰官員也像念經一樣，天天說你要獨立、你要獨立！他們指鹿為馬，不過也確實達到了效果，國內大部分漢人民眾都被洗腦了。

達賴喇嘛的弟弟丹增曲杰曾在一個訪問中說：高度自治的下一步就是獨立。這事被記者捅出以後，中共抓住把柄，一直說高度自治就是變相獨立。這讓達賴喇嘛非常生氣，此後丹增曲杰對外幾乎不說話了。先爭取自治然後再去追求獨立，這種想法的藏人當然有，但是只要中國把民族關係搞好，不再去迫害人家，實現憲法承諾的自治，人家為什麼非要付出那麼大的代價，流血犧牲去獨立呢？對普通百姓來講，是獨立還是自治有什麼區別嗎？我真不這麼認為。只是他們感到活不下去時，才會去想若是獨立就不會這個樣。

陳：官方和親官方學者常以蘇聯解體為例，說不但不能給高

度自治，更應該從嚴管控，以免少數民族哪天逮到機會跑了。也有人主張「去民族化」，把民族都改成族群。

　　王：對，他們是在做防範。但蘇聯憲法是給了加盟共和國自決權的，這跟中國不一樣。我認為一個國家防範自己的國土被分裂屬於正常思維，但可以用很多措施去解決分裂隱憂，其中最重要的是實現民族平等。

　　「去民族化」的說法我也注意到，雖然得到高層欣賞，但當局要實行卻不容易，因為各個民族自治區域都形成了既得利益集團，那些利益集團的基礎就是民族區域自治。各民族跟著共產黨的菁英人物，有賴於民族區域自治的政策，他們將是「去民族化」的堅決反對者。各民族普通百姓也不會歡迎，因為儘管民族區域自治是假的，但至少還有個名目，多少有一些優惠。提出「去民族化」的馬戎教授說美國就沒有這些身分優惠，這說法並不準確。而且，美國有一個前提條件是中國沒有的，就是人權保證。有人權就會有民族權，那時不需要特別強調民族權，人們會利用人權自然地形成族群，提出訴求。美國的亞文化群是最豐富的，正是因為有自由和人權保證。中國學者不去看這最基本的一點，只主張去掉民族自治的權利，甚至乾脆把「民族」去掉（只保留中華民族），這可能會形成更大的偏頗。

　　陳：在西藏，同化和移民政策的力道有多大？漢人跟藏人的比例正在快速改變嗎？照十幾年前《天葬》的說法，西藏高原有先天限制，漢人適應不易，當局很難隨心所欲地把人搞進去。但現在呢？所謂的「漢藏結合部」似乎不斷擴大？

　　王：《天葬》曾說「無人進藏」，現在看似乎說錯了，很多漢人都在進去嘛。尤其在四省藏區，漢人增加很多。但是進藏漢人主要集中在大城市、交通幹線和旅遊點，真正的牧場、農村仍然

是很純的藏人區，這還是因為漢民族對高海拔的不適應。跟低海拔的新疆不一樣，漢人去低海拔的新疆綠洲搞農業經濟，不會有什麼不適應，絕對會經營得很好。藏區現在之所以能把漢人引到城市，是因為那裡營造出了漢人能適應的生活環境。你到拉薩去看，那是成都郊區的克隆版，水準低一點，但反正就是漢人那一套，卡拉OK、小姐、紅燈區、川菜什麼都有。漢人在拉薩除了喘氣費點勁，其他方面跟成都沒多大區別了，而且有錢掙，他為什麼不去？在拉薩的幹部住宅區，江南園林都放在院裡面了。甚至一家配一個制氧機，讓房間裡的氧氣含量跟內地一樣。在毛澤東時代這是沒有可能的，在駐藏大臣時代更不可能。現在有了這些，漢人就進來了。但這種移民是沒有根基的，哪天一發生動盪，很多人會馬上撤出西藏。

陳：如果漢人移民多了，單從數量對比的角度，獨立就困難了，除非搞大清洗。這是鼓勵移民的重要出發點嗎？

王：西藏、新疆和內蒙古是中國三大民族地區。對當局來講，內蒙古是最成功的，就在於漢人移民的淹沒效應。內蒙古2,500萬人，蒙古族只是零頭，2,000萬是漢人。所以當局基本認為內蒙古問題不存在了，已經完全解決。雖然也會發生一些抗議什麼的，但掀不起大的波瀾。當局試圖把同樣模式用在新疆，從1950年代開始大規模地往新疆送人。新疆受制於自然條件的限制，缺水，只能仰賴綠洲農業。綠洲農業也要靠水，而水是有限的，所以兵團（新疆生產建設兵團）首先幹的就是搶水。在上游把河一攔，把水引走，河的下游就乾涸了，下游綠洲就萎縮。兵團在河的上游造了新綠洲，然後說我根本沒占當地人的地，都是我自己在荒原上開墾的！新疆維吾爾人特別反感這個，矛盾就這樣激化起來。但是受制於有限的水資源總量，當局也沒法無限制

地往新疆送人。目前新疆在人口上是勢均力敵，進去的漢人不少，不過也不能更多了，達不到內蒙古那樣的淹沒。而勢均力敵恰恰最危險，雙方都有衝突的願望和可能性，所以新疆的民族矛盾最激烈。

西藏本來是「無人進藏」，它在中國人口最多的四川省旁邊，漢人走西口、闖關東、下南洋，就是不進西藏。漢人不怕吃苦，只要有希望就能吃苦。但在西藏高原那地方，農耕文化的漢人根本樹立不起希望。我在早期進藏的時候就強烈感到不可能在那裡久留，只能偶然進來轉轉。大多數漢人都是這樣的。清朝駐藏大臣入藏，帶的人走到康定就全跑沒了，得在康定重新招人。入藏以後，整個衙門除了駐藏大臣，往往只有幾個從內地跟來的漢人。手下只有那麼少的人，駐藏大臣也就是起個大使的作用而已。後來有軍隊進去，常駐的頂多也就千八百人。

改革開放以後，隨著漢人移民增加，民間的漢藏矛盾越來越多了。從三一四事件可以看出，一些藏族青年和失業者去砸漢人店鋪，打漢人，很大程度是因為經濟上藏人在本土的邊緣化。1980年代末的藏人抗議者主要是喇嘛和部分城市居民，那時主要是出於對文革的不滿和發洩。當局如果寬大一點，繼續實行胡耀邦的懷柔政策，讓藏人把該出的氣出了，應該可以把不滿慢慢消化，後來也不會越來越緊張。不幸的是強硬派占了上風，歸咎胡耀邦把漢人撤回內地導致了西藏騷亂，於是進一步強化經濟移民和同化政策。今天漢藏衝突的惡化恰恰是這種思維造成的。

陳：這幾年接二連三的藏人自焚，您的分析是什麼？

王：自焚是從2009年開始的。自焚者喊的口號多為「給西藏自由」和「讓達賴喇嘛回家」，後來有自焚者遺囑流傳出來，表達要護佑藏國、為西藏獻身等。自焚是因為藏人沒有別的路可

走，跟中共九次談判毫無作用，達賴喇嘛說了所有該說的話，該做的都做了，但是達賴喇嘛的謙卑除了換來侮辱，沒有其他效果。唯色認為自焚不是出於絕望，是在表達抗議。對此我同意。我只是覺得應該為藏人找到方法，為藏人百姓想到下一步該怎麼做。對此應該負起主要責任的本該是西藏流亡政府和藏族知識分子，但是流亡政府並沒有很好的作為，只是跟在境內藏人後面，發生自焚就去悼念一下。

陳：他們主要是遊說西方政府？

王：是，但是這種遊說有多少作用呢？達賴喇嘛做了幾十年，已經做到極致了，後面的人誰還能比達賴喇嘛做得更好？西方政府沒有真正讓西藏問題改觀，他們能做的有限，不會真為西藏跟中國撕破臉。把西藏未來繫於西方的後果就是讓流亡政府看不到自己前進的方向。

陳：有人認為，當局就是想拖到達賴喇嘛去世，讓流亡政府因內鬥而亂，再把其中的激進派打成恐怖主義。

王：對，當局現在就是在等著達賴喇嘛去世。他們認為那時西藏問題就可以迎刃而解。不過，儘管現在境內藏人憤怒和緊張，但是什麼都不會像達賴喇嘛去世那樣刺激他們。那一刻很可能一切都被崩斷，成為藏人全面暴動的發令槍。

陳：中共沒看到這一點嗎？

王：他們認為可以解決，就是開槍。六四怎麼樣？三一四怎麼樣？新疆七五事件怎麼樣？不都鎮壓下去了，有什麼了不起？中國每年發生十萬起、二十萬起群體事件，不照樣撲滅？當年周恩來和胡耀邦的死，在中國都造成了不約而同的動員，激起廣泛的社會抗議。但都不會如達賴喇嘛去世對藏人造成的衝擊。達賴喇嘛對藏人何其重大！那時藏人會感到徹底絕望和痛不欲生！這

麼多年達賴喇嘛流亡在外，對中國當局百般示好，忍辱負重，卻沒得到任何結果，最後客死他鄉，情何以堪？藏人的終身願望就是能見到他們的宗教領袖，得到他的加持，卻始終無法如願。中共不讓達賴喇嘛回西藏，又不讓境內藏人去見他，不給藏人發護照。被憤怒積累的爆發能量，加上達賴喇嘛去世的震撼，到時的情況絕對會超出當局估計。

陳：達賴喇嘛並沒有強力制止自焚，這您如何理解？

王：達賴喇嘛沒有嚴厲制止自焚，我覺得也許有甘地主義的成分。甘地的非暴力抗爭有個很重要的面向，就是以犧牲作為武器。達賴喇嘛不會這麼說，但我認為他深受甘地主義的影響。不過我不看好甘地主義的犧牲在中國會有效果，因為它需要的前提是對方有良知。六四中共用坦克鎮壓北京市民，他手軟了嗎？天安門廣場上幾千孩子絕食，一個一個絕食昏倒，被救護車拉走，他動搖了嗎？一點沒耽誤開槍殺人！對藏人自焚，當地維穩官員說的是「燒光才好」！這是很多當地漢人官員的想法。

陳：唯色曾出面呼籲境內藏人不要繼續自焚……

王：我當然支持這個呼籲。她是從珍惜藏人生命出發，我是認為自焚的勇氣應該用來做事，不能全消耗於自焚，勇敢的人也不能都死於自焚。這的確是兩難。藏人自焚，達賴喇嘛當然不能說這樣做不好，西藏流亡政府也一定會把自焚者視為英雄，開法會，請眾多高僧為他們超度念經。而境內高僧平時懾於當局淫威，唯唯諾諾，在當局讓他們論證自焚不符合佛教教義時，他們卻會說：自焚者如果是為了自己自焚，五百年不能超生；如果是為了眾生自焚，當場就會成佛。這些態度當然也會對自焚的前仆後繼起到鼓勵的作用。

陳：中共對西藏宗教的控制有多嚴？

王：中共對宗教的控制很嚴，同時極力利用宗教。西藏宗教的「佛、法、僧」，佛在心中，法很難懂，在信徒和佛、法之間充當橋梁的是僧侶、僧團。西藏有幾千個活佛，僧團領袖主要是活佛。現在中國政府對西藏宗教的插手之一，體現在對活佛的管理上。活佛認定要由政府批准，要進入當局的培養體系，最終用重利益、善投機的活佛，去取代真正的活佛。

陳：能否談談您在達蘭薩拉的遞進民主實驗？

王：話說回來，我在十幾年前見達賴喇嘛，就跟他談「遞進民主」，希望流亡社會不要採用代議制。2009年我到達蘭薩拉時也想推廣遞進民主，但沒有成功。那次是當地激進藏人給我扣上胡錦濤密使和中共間諜的帽子，發動抵制，沒能做下去。如果歷數這些年我在這方面所做的努力，可以說屢戰屢敗。

西藏流亡社會現在是走代議民主的路，對此我有很大擔憂。西藏流亡政府沒有國家的框架，其實是一個NGO組織。NGO組織的特徵就是經常分裂，我跟你稍不合意，你沒有約束我的能力，我就拂袖而去。本來能夠避免這種情況，起到整體框架作用的是達賴喇嘛，沒有人敢超越他、違背他，所以即使有不同意見也不會分裂。但在達賴喇嘛之後，如果流亡西藏走政黨競爭式的民主道路，後果就會不一樣。最近當選的司政洛桑桑杰，哈佛出身，是第一個把西方式的政治競爭引入流亡社會的人。傳統西藏人講謙卑，總是說我不行，我的能力不夠，我有很多缺點。但洛桑桑杰一出來就說我最棒，我什麼都行。在任何正常的民主國家，這樣的人沒有問題，所有政客都這樣做。哪怕當選的是個白癡，因為有成熟的專家團隊和文官系統，也照樣運轉。但是西藏處於歷史轉折關頭，面臨達賴喇嘛年邁甚至離世的可能，正是需要最大智慧的時刻。而按照代議制方式選的人，如果能力主要在

模仿西方政客的表演和做派，是承擔不起這種重任的。因為洛桑桑杰模式獲得的成功，以後在流亡社會的選舉中將被普遍採用，最終會不會發展到互相攻訐指責？那時沒有國家框架把相互競爭的流亡者約束在一起，結果會怎樣？還有待觀察。

流亡西藏只有15萬人，卻分布在幾十個國家，和印度境內幾十個難民點，競選難度並不小。洛桑桑杰競選時走了很多地方，有人要求他說明經費打哪兒來？他不說。因此有人提出競選經費要透明。這個先不說，咱們不用懷疑洛桑桑杰，我想強調的是代議民主激化競爭的內在邏輯。這種競爭一出來，誰愛西藏？誰比誰更愛西藏？愛西藏的標準是什麼？爭取獨立是不是比同意自治更愛西藏？這種追逐極端的比賽，一個後果是激進化，另一個後果是造成分裂。歷史告訴我們，具有同樣目標的人群，也會產生路線鬥爭，而不同路線的鬥爭，最終往往會陷入你死我活的境地。鑑於這些因素，我一直認為採用遞進民主對流亡西藏要比代議民主好。

四、新疆和台灣

陳：您所謂的「穩定集團」或「反分裂集團」，在藏人中扎根是否比在維吾爾人更深？

王：可以這樣看。官員中的比例，藏人比維吾爾人要高。因為入藏的漢人少，藏人在藏區是主體，幹部中的藏族比例也高，多年來一直是這樣。新疆漢人多，中共又用民族分化對策，除了漢人掌握主要權力，另一些權力交給哈薩克人等，有意地以夷制夷。

陳：您寫新疆的書《我的西域，你的東土》直到2007年才

出，似乎醞釀了很久？

　　王：真正寫作的時間並不長，只是中間有些周折。有位趙紫陽過去的幕僚，趙下台後轉入民間，請我去新疆做一個類似《天葬》的研究。我覺得新疆也是大問題，應該去看看，就同意了。1999年初我到新疆，開始主要是蒐集資料。在那過程中，我複印了一本關於新疆生產建設兵團的資料。要了解新疆就得認識兵團，我非常需要那個資料。而警方事先就在暗中監控我，正好可以以此為把柄，就以竊密罪把我扣押了。在關押期間，我認識了同牢房的維族朋友，為我打開了走入維吾爾人內心世界的一扇窗，後來才有了《我的西域，你的東土》。

　　陳：最近漢維衝突愈演愈烈，您剛才提及了水資源和兵團的問題，是否繼續展開一下？

　　王：我認為民主轉型會是中國民族問題的爆發點。民族衝突無疑是因為專制造成的前因，但是專制可以靠鎮壓壓住民族衝突，民主轉型卻不能再用那種鎮壓手段，民族衝突也就會在那時爆發，成為讓民主首先品嘗的苦果。我相信西藏那時會出事，新疆也會出事，亂象百出。如果在民主化前達賴喇嘛去世了，西藏會先出事。當局在新疆用軍警嚴防死守，目前不會出太大的事，頂多小打小鬧，劫機、騎摩托車砍人什麼的。儘管如此，新疆漢人的恐懼心理還是很普遍。我一個表哥在新疆待了一輩子，七五事件後就去青島老家買房子，不回新疆了。子女還在新疆，因為年輕人的事業都在那邊，但能回來的幾乎都回來了。

　　維族人的不滿，我認為主要還是移民帶來的。在沒有大規模移民前，雙方關係還比較好，至少沒有大衝突。在1950年代，維吾爾人也好，漢人也好，彼此印象都不錯。漢人移民大量擁入後，衝突與日俱增。特別是改革開放後，從內地去的多是民工，

在維吾爾人那兒殺豬，不能吃的豬雜碎扔在河裡，可是人家要喝那水呀。同時新疆的小偷、毒販跑到內地，讓漢人不滿。隨著民間衝突，民族主義動員延伸到底層。如果民族矛盾只停留在菁英，還比較好解決。一旦成了種族衝突，只因為種族不同就相互對立，那就很難解了。新疆比西藏更早地完成了這個階段。

　　我在1990年代就看到，新疆連幾歲小孩都有種族隔閡。同一個機關大院，既住著漢人幹部也住著維族幹部，但是小孩不在一塊兒玩，互相只是打架。烏魯木齊的漢區和維區之間，沒有鐵絲網，也沒有其他有形的障礙，但無形的壁壘那麼鮮明——兩個區人的模樣不一樣，語言不一樣，文字不一樣，招牌的形式不一樣，連味道都不一樣。

　　共產黨剛進入民族地區時，成功地用階級分化了民族。歷史上民族之間相互對立，儘管民族下層可能受上層壓迫，但是在與其他民族對立時，民族上層和下層結為一體，民族的旗幟掌握在上層手裡。共產黨來了則說，維吾爾的巴依、西藏的領主和漢人的地主都是一樣的壞人，天下烏鴉一般黑，而各民族被壓迫人民是一家，漢人老大哥來幫助你們一起打倒共同的階級敵人，得解放。至少在當時，這很動聽，很有說服力呀。

　　文革之後，鄧小平放棄了階級鬥爭。你總不能自己不搞階級鬥爭，還在人家那兒繼續搞吧？而不再分階級，各民族自然又重新融合在一起，宗教和民族的旗幟又回到民族上層手中。當局承認文革是錯誤，拿錢重修文革被砸的寺廟，但對民族人士那意味什麼？民族菁英已經被你打得滿身是傷，不會買你的好。普通老百姓也一樣。當年貧下中農聽你的號召扛著鎬頭去刨廟，把寺廟木頭拿回家蓋房子，蓋豬圈，在宗教中那都是罪孽呀，天大的罪孽！現在你突然告訴他，這一切都是一個錯誤，是幾個藏在我們

黨裡的壞人搞的，你這不是調戲人家嘛。

陳：您前面還提到兵團問題和資源爭奪。

王：我把新疆生產建設兵團叫做「新疆維吾爾自治區內的漢人自治省」。它是正省級地位，跟新疆自治區平級，新疆自治區政府管不了它。它在新疆有一百多塊領地，加在一塊好幾萬平方公里，有自己的政府、銀行、軍隊、武警、法院、公安、婚姻介紹所、學校、電視台、報紙等等。建立兵團的主要目的就是要遏制新疆當地民族。鄧小平1980年代去新疆視察時說「兵團是穩定新疆的核心！」新疆當地民族對兵團的牴觸是最大的，老百姓把它當成是侵略軍。兵團看管當地人民的意圖非常明顯，新疆每一個縣都有一個兵團的「團場」，不就是把當地民族當敵人防範嗎？

資源呢，新疆主要是缺水。但新疆有其他各種資源，特別是天然氣。中國政府老說給了新疆多少財政援助，可新疆人跟你算的，是你從我這兒拿了多少油、多少氣、多少礦。這中間到底誰多誰少，一本糊塗帳！

陳：兵團的控制力在降低嗎？七五事件的鎮壓，靠的主要是陝甘調去的武警？

王：對於當局在新疆的維穩，兵團屯墾這一套仍然有作用，只不過現在一般用公安、武警就夠了。兵團的民工很多是從內地招去的，其實就是普通農民，平時被兵團的連長、指導員壓迫、剝削，都有一肚子氣。但是一聲令下讓他們去鎮壓疆獨分子，卻一個個擼胳膊挽袖子，都興奮得很，要立功。現在兵團用這些人組成民兵，隨時可以投入維穩。

陳：不讓穆斯林留鬍子，是最近的政策嗎？

王：逼迫當地民族人剃鬍子已經很久了，理由是：留鬍子就

是宗教極端勢力的表現。有時甚至在街上強行剃人的鬍子，剃完還讓人家交剃鬍子錢。我有個留鬍子的維吾爾朋友，是學校老師，就是不剃鬍子。他說馬克思有鬍子，恩格斯有鬍子，列寧也有鬍子，還是你們的領袖，為什麼我有鬍子就不行？這些政策真是太愚蠢了。

陳：維吾爾人民族意識的強化，是從何時開始的？

王：這是長期累積的結果，在1990年代以後逐漸強化。經過了這十幾年，現在我覺得已經很難回轉。海外維吾爾運動的基本目標已經確立，就是要獨立。按照他們的看法：達賴喇嘛說的中間道路，讓藏人耽誤了幾十年時間，事實證明中間道路是徹頭徹尾的失敗。維吾爾人不能再走中間道路。在他們看來，中國的海外民運人士也多是大中國主義者，老說維吾爾人不能搞獨立。於是他們現在乾脆不跟漢人對話，就是自己走獨立道路，先以內部反抗和招致的鎮壓喚起國際社會的注意，不惜為此付出巨大犧牲，主動迎接大規模流血衝突，以得到西方世界「人權高於主權」價值觀的背書。他們認為維族比藏族有利的條件是有伊斯蘭世界的廣大人力和物質支援。等到中國發生內亂，就可以把漢人趕走，建立一個東土耳其斯坦。

中國的民族仇恨是專制播種的惡果，卻要由未來的民主吞嚥苦果。因為專制可以用殘酷手段鎮壓民族，不會形成大規模衝突，而民主不可能再用殘酷鎮壓的方式，尤其在轉型期，國家控制力大幅減弱，那時一直壓抑的民族仇恨就像突然打開瓶塞，噴湧而出。從時間點看似乎民族衝突是民主轉型造成，專制者也正是以此恐嚇國民，其實那是專制統治強加給民主轉型的遺產。要想中國走向民主，我們便沒有選擇，只能承擔。要打破綁架者與人質共生死的困局，我們就得去尋找不讓民族衝突與民主轉型共

生的方法。而能夠避免廣場效應、進行向量求和、逐層提煉理性的遞進民主，正是這樣一種方法。除此，我還真沒有看到其他更好的方法。

陳：您的朋友伊力哈木長期在境內做各種努力，包括促進漢維交流。他所承受的壓力似乎極大，既來自於中共的高壓維穩，也來自於海外維獨運動？（按：2014年1月15日，伊力哈木被警察從家中帶走，當局以「分裂國家罪」判處他無期徒刑。）

王：伊力哈木是少有的維族知識分子，我認為他的主張就是達賴喇嘛的中間道路的維吾爾版，雖然他自己不會這麼說。海外維吾爾人不一定認同他的路線，但是新疆境內的維吾爾人會認為他的主張更現實。當局為什麼一直打壓伊力哈木？看似很愚蠢，但也許當局的目的就是不想讓溫和的維吾爾力量成氣候，以便把維吾爾反對力量都打成極端分子和恐怖分子。

陳：相對於藏人，宗教對維吾爾人的影響稍弱一些嗎？

王：不能這樣說！宗教勢力在新疆非常大，絕大多數維吾爾人都在伊斯蘭教的影響之下。海外維吾爾人的政治組織現在是走世俗政治道路，因為他們希望跟國際社會接軌，也知道伊斯蘭宗教勢力在西方社會吃不開。然而他們不一定具有對新疆未來的主導權。宗教勢力會不會發展起來，現在還不知道。在海外維吾爾人中，目前沒有強有力的宗教領袖。熱比婭的地位是在烏魯木齊七五事件之後，因為當局指控她操縱事件而奠定的，其實那是抬高了她。海外維吾爾人目前暫時沒人能挑戰她，但熱比婭的方式也有問題，比如她捐錢給日本人買釣魚島，還說希望西方和日本把新疆也買走，她一點都不顧忌漢人和中國人的想法。

陳：您在2008年的一篇評論中，建議台灣各界投入更多的資源和心力，讓台灣成為研究大陸政治轉型的最重要基地。藉此機

會，您是否願意再說服一下台灣讀者？

王：我認為這不光是為大陸而做。台灣應該有危機意識，因為未來的中國大陸無論怎樣，都會對台灣產生重大影響。我為什麼提議台灣成為中國轉型的研究中心？不是研究中國的古代，不是研究中國的文化，而是研究中國的政治轉型？因為中國大陸無論是轉型成功、轉型動亂或是轉型崩潰，都會對台灣帶來巨大衝擊。台灣離大陸一百海里而已，不是可以開走的航空母艦，而是一顆動不了窩的蛋，哪天說把你砸了就砸了。台灣即使只出於自保，也應該投入中國政治轉型的研究。

中共知道有危機，只是不知道該往哪兒走，該怎麼解決。儘管中共有龐大的研究力量和經費，卻不會去研究共產黨下台或滅亡以後怎麼辦。對這個最需要研究的題目，大陸民間因為沒有空間無力承擔，世界各國也只是進行為己所用的中國研究。只有台灣有最好的條件。台灣有資金、有自由、有資訊、有人才，兩岸語言相通、文化同根，利用互聯網，花不了多少錢就能把大陸和世界各國的人才納入整合，通過研究、論證、沙盤推演，提出最可操作的中國政治轉型路徑與步驟，作為台灣的利己利人之舉。中共願意採納最好，或者現在不採納，遇到嚴重危機時仍可能採納。

還要研究中共垮台了怎麼辦？那時人民還在，還得活下去，那又需要另一套研究，在中共垮台時力挽狂瀾，避免出現大混亂。還有，萬一中國社會真的崩潰了，最終也得收拾殘局。大陸崩潰而不影響台灣安全，在我看是不可能的。如何不讓暴政再在大陸輪迴，而能開始建設新的社會，也需要進行事先準備，深入研究。台灣如果投入這種研究，也許將來能起決定性作用，成為一種上天注定的兩岸緣分。當然我知道此時這想法在台灣沒有市

場，台灣人不想多管閒事，杞人憂天也不是當代人的活法，所以兩岸不一定會有這種緣分。

　　陳：您正在寫《黃禍》的姊妹篇《轉世》，前十幾萬字已經上網，讓讀者先睹為快了。最後，您是否願意透露《轉世》的基本思路？

　　王：《黃禍》是寫中國的崩潰，《轉世》是想寫中國避免崩潰走出危機的過程。《黃禍》把最壞圖景擺了出來，本意是讓人們、尤其是當權者主動做避免那種前景的努力。但現在看，只能是我自己去做想像中的努力了。當然我萬變不離其宗，基礎還是「遞進民主」。《轉世》仍然關注民族問題，解決之道也是遞進民主。《轉世》描寫「遞進民主」如何促成中國的政治轉型，化解民族衝突，並希望能從小說反饋到當下的困局。

潛規則與憲政民主

吳思訪談

吳思

1957年出生於北京，祖籍山東蓬萊。1976年下鄉插隊，曾致力於實踐符合毛澤東理想的人民公社大寨模式。1978年考上中國人民大學中文系；1982年畢業後，分發到中共中央書記處農村政策研究室，任職於該研究室的機關報《農民日報》。1993年擔任《橋》雜誌社副社長兼主編。1997年進入《炎黃春秋》雜誌社，該刊公認為大陸體制內民主派的言論代表，呼籲政治體制改革，追求實現民主憲政。曾任《炎黃春秋》總編輯暨法人代表至2014年，並積極投入中國政治史研究，首創「潛規則」概念，發展「血酬定律」和「元規則」論說。長期思索中國的政治轉型課題，近年提出「用特赦換憲政和民主」的思路，主張中國共產黨應啟動政治體制改革，主動轉型為憲政制度下的社會民主黨。著有《中國頭號農民：陳永貴浮沉錄》、《潛規則：中國歷史中的真實遊戲》、《血酬定律：中國歷史上的生存遊戲》、《我想重新解釋歷史：吳思訪談錄》等書。

一、我的極左經歷

吳思：高二畢業後，1976年，我去北京市的北部山區慈悲峪大隊插隊，那是一個深山裡的村子。當時我是一個極左分子，插隊當了大隊領導，努力要把我的極左理念付諸實現。

陳宜中（以下簡稱「陳」）：您2006年寫的〈我的極左經歷〉在網上流傳很廣，可否請您從「極左經歷」談起？

吳思：1976年已經是上山下鄉的末期了，在北京市，如果沒有特殊理由，都要下鄉，一般至少兩年。有些例外可以不下鄉，譬如說獨生子女，或者兄弟姊妹的年齡間隔在六歲以上。我比我弟弟大六歲，按規定我可以不下鄉，但是我滿腦袋毛澤東思想，極左，就是想到農村去，到最艱苦的地方去。那時最艱苦的地方是西藏，我就想去西藏，但後來沒去成。

陳：您是幹部家庭長大的？

吳思：我父親1947年在東北入了共產黨，當時他18歲，然後就到了北京，1951年還去朝鮮跟美國人打仗。他回來的時候已經是1956年了，算是最後幾批回來的。後來他調到了七院，有的時候屬於國防科委，有時候屬於海軍，後來屬於六機部，反正是研究艦船的。我就是在七院的大院裡長大的。軍隊大院或機關大院子弟雖說也是北京人，但跟過去的老北京差別很大，老北京都住在胡同裡，大院是集中居住的外來者（跟台灣的眷村有點像）。大院子弟的一個特徵是，自認為天下未來是我們的，我們是共產主義事業的接班人。

陳：您為何在2006年重提〈我的極左經歷〉？

吳思：那年剛好是文革結束三十週年，很多人談論文革。我認為多數文章都沒說到根本，最根本的問題是文革所要建立的社

會模式和經濟模式，在現實生活中推行困難、效率低，一定得垮台。於是，我就寫了〈我的極左經歷〉，描述我在農村是怎麼學大寨，怎麼推行毛澤東理想的農業模式。從我親身的經驗出發，我分析為什麼毛澤東模式的動力不足，農民都不幹活、嚴重偷懶，乃至全國吃不飽，最後非改不可。

陳：〈我的極左經歷〉最後一段提到，假如將來取代「官家主義」的是某種禁止罷工的資本主義，憑藉暴力專工農大眾的政，那您還要再當一回左派。

吳思：如果大陸能夠順利實現憲政民主，我就不必回頭當左派了。

陳：您1978年去了中國人民大學中文系。我想追問，您從何時開始對您的極左思想和實驗產生懷疑？您實驗失敗以後，馬上就告別極左了嗎？還是上了大學以後，接觸到各種新思潮才逐漸變化？

吳思：1976年雖然發生了粉碎四人幫，以及四五運動，但主流的意識型態仍然是馬列主義毛澤東思想。到了1978年以後，有種氛圍很難描述，就是天氣慢慢地暖和起來了，春天來了，但你說不出春天是哪天來的。我們感覺這個世界好像變了，整個意識型態開始鬆動了，過去對於「物質刺激」的激烈批判也不再提了。但是我上大學的時候，規定要讀的東西還是文革前的，仍然是正統的馬列主義毛澤東思想；批判四人幫也只是說他們背離了這條路線，說他們走到了極左的那一端。學大寨還在講，但是不那麼鋪天蓋地了。我們就隨著這個過程慢慢轉。不是馬上告別極左，而是從開始懷疑，到輕視，同時尋找新思想。

所謂新思潮，開始還是馬克思主義體系中的理論，歐洲共產主義、法蘭克福學派、馬克思的早期理論。文藝理論方面寬一

點，沙特和佛洛依德的觀點都可以讀到一些介紹。我們同學的普
遍心態是，不願意看官方的東西，不管是報紙還是雜誌，總覺得
官方的水平太低。我們對馬克思還是很崇敬，特別認真地讀了馬
克思1844年《經濟學哲學手稿》，談人的異化問題，談人的本質
屬性是什麼；讀起來非常吃力，但覺得包含了非常多有力量的思
想。

　　陳：您插隊時才20歲左右。您的極左經歷跟文革造反的紅衛
兵有沒有關係？

　　吳思：大陸的一個特點就是，每一代人都得重新走自己的
路，互相之間基本是沒有傳承的。因為批判性的經驗和思想禁止
傳播。前一代人經歷過的，對我們來說幾乎不存在，幾乎看不到
任何經驗教訓。譬如，老三屆是在1969年下鄉，他們到了1971-
72年就什麼都明白了，可是他們的經驗對我們來說是不存在的。
1974-75年那一批新的先進知青向我們做各種講座，說應該怎麼
搞，他們怎麼幹成功了，我們聽了覺得很新鮮、很有挑戰性，就
準備跟著他們走。

　　更有批判性的聲音，只能私下跟你談，你才可能有些體會。
他們不會主動跟你談，除非是你的親近朋友，而且一旦談起來，
青年人的心理也可能產生牴觸，說這傢伙就是一個膽小怕事、沒
理想的俗人，未必聽得進去。以前知青的經歷，或老紅衛兵的負
面經歷，對我這一代幾乎不存在，幾乎沒影響。但是他們的成功
經驗，所謂的「先進事蹟」，對我很有影響，我對他們創造的業
績簡直很神往。我覺得我可以比他們幹得更好。

　　陳：您對您自己的極左經驗的反思，始於何時？

　　吳思：一開始，我認識問題、表達問題的方式，全都依賴列
寧、史達林、毛澤東那套話語體系。我的極左實驗失敗了，但我

不知道該如何表達。最初我的表述方式是：小資產階級的力量太強大，自私自利的觀念太強大，一時無法戰勝，所以必須適當地做些讓步，不能樹敵太多，只能一步一步慢慢改造。直到大學二年級，我仍然不能表達我在農村的那些失敗，就是消滅自留地的失敗，學大寨的失敗，還有義務勞動的失敗。我耿耿於懷，知道失敗了，可是想不明白。有天晚上，我夢見我跟毛澤東在一個禮堂看戲，他坐在我三排以前的位置上。我隔著三排問：毛主席，我可以跟您說句話嗎？他說：你說吧！我就翻過了兩排，坐到他旁邊。我說我特別認真地試了，認真學大寨，但這麼搞真的不行，需要像列寧和德國簽訂布列斯特條約那樣讓步。毛澤東就一臉困惑地看著我，等我說為什麼這麼搞不行。我一肚子事實和經驗，就是不知道如何簡單清晰地向他表達，硬把我憋醒了。

　　對我來說，不管是在人大，還是去北大聽課，都很少留下深刻印象。老師們通常講的還是文革前十七年的路子，但這並沒有讓我茅塞頓開、豁然開朗。我自己閱讀文藝理論和社會學理論，也沒能解決我內心對社會、對世界的困惑。相比之下，反而是馬克思主義內部的那些異端的東西比較有深度，例如南斯拉夫中央委員德熱拉斯的《新階級》，義大利學者翁貝托・梅洛蒂談亞細亞生產方式的《馬克思與第三世界》等等。直到大學畢業第二年，我還在重讀四卷本的《馬克思恩格斯選集》，可見當時我對馬克思主義如何尊敬。至少在那個階段，我自己還沒有形成憲政民主思想。

　　陳：您畢業後被分發到哪個單位？

　　吳思：我分到中共中央書記處農村政策研究室，主任是杜潤生，就是農村改革智囊團的頭兒。到那裡報到後，又把我分到農村政策研究室的機關報《中國農民報》工作，後來改名叫《農民

日報》。從1982到1992年，我在《農民日報》幹了十年。

陳：您的第一本書《中國頭號農民：陳永貴浮沉錄》跟報社工作有關嗎？

吳思：我的第一本書是和朋友合寫的關於個體戶的調查。《陳永貴》是我在《農民日報》當機動記者的時候寫的，我主要還是想弄明白，為什麼我搞不成大寨。我自己的實驗很失敗，何以陳永貴幹得那麼好？1977年，北京優秀知青代表團去陳永貴的大寨參觀，我就是團員。那時我已經是生產隊指導員，當大隊副書記，還被我們公社、我們縣樹立為先進知青。去山西看到了陳永貴的大寨，梯田一層一層地從山底到山頂，像長城一般的壯觀，看了以後就自慚形穢。他們能做到，我們怎麼不行？我怎麼那麼笨，就是弄不成？我這個「心病」，從1976、1978年直到整個1980年代都存在。我寫陳永貴，就是為了做一番清理，研究他是怎麼成功的？他在全國又是怎麼失敗的？把這說清楚了，就把我當年的失敗也搞清楚了。那本書是1991年開始寫的，認真做了有一年多、將近兩年。

陳：《農民日報》的讀者群主要是哪些人？

吳思：閱讀者多數都是農村的基層幹部，鄉、鎮、縣方面的幹部，發行最多的時候能將近70萬，後來直線下降，一度跌到十幾萬。純粹的農民讀者不多，但告狀的多。來我們報社上訪的事，幾乎天天有。通過談話、看他們上訪告狀的信，就可以知道農村如何遍地冤案，但是多數案件是沒有新聞價值的。

陳：六四對您有何影響？

吳思：對我最大的影響是，在六四之前，像我們這種大院子弟的特點，就是把自己當成接班人，認為這個黨是我們的黨，這個國家是我們的國家。但六四以後就開始形成獨立的人格了，從

此你就是你，我就是我，不是你們的什麼接班人。思想上我也跳
出了馬克思主義，不再以學習的態度讀那些書。當時一個心態的
變化，就是要尋找新的知識，我想用史學的方式梳理一遍我對中
國的觀察。幾年後我開始重新讀史，特別是明史，也嘗試寫過小
說。

二、從潛規則到元規則

　　陳：所以《潛規則：中國歷史中的真實遊戲》那本書（2001
年初版），是六四之後您重新讀史的成果？

　　吳思：六四之後我亂了幾年。先考托福，申請出國留學。然
後寫《陳永貴》，然後下海辦《橋》雜誌，後來又寫小說。寫小
說寫不好，才轉向寫歷史。寫歷史對我是比較容易的事。1996年
開始，先是在《上海文學》上登讀史隨筆。當時我的明史筆記已
有七、八十萬字了，我就陸續把它寫出來。

　　陳：您首創「潛規則」這個概念和名詞，如今它已經是能見
度很高的常用詞了。您一開始是出於哪些觀察和體會，才發明出
這個詞？

　　吳思：幹記者幹久了很容易就發現，中國社會並不是按照明
文的法律規定、文件規定運作的。《潛規則》所舉的一個例子，
關於化肥是怎麼分配的，就直接來自我的記者經歷。1982-83年
間，照正式的規定，農民向政府賣交平價糧，不管是小麥或者棉
花，收購價都遠遠低於市場價；而政府向農民出售平價的化肥，
價格也應該遠遠低於市場價。以低價糧交換低價化肥，這是明文
規定。但是事實上，雖然農民向政府賣了平價糧，他們卻買不到
低價的化肥。這種化肥叫做「掛勾肥」，跟低糧價是掛勾的，但

是農民都說買不到。我當時從《農民日報》群眾工作部的讀者來信裡，看到一封來信說，開封地區的化肥幾乎都批出去了，批給自己的關係戶，給自己的親戚朋友。於是，我們就順著這條線索，組成了一個三人調查小組，從北京的供銷總社農資局（化肥就從他們那兒下去的）追到河南省、到開封地區，然後到縣裡、鄉裡、村裡。我們發現，每一個層級都會把一批「掛勾肥」批給自己的熟人親戚朋友領導。那麼，誰能批這個條子呢？在中國，條子管用不管用，全都有一套大家不明說的規矩，那肯定官最大的可以多批，官小點可能就不能批。一旦追問辦事人化肥哪兒去了，他說「條子都在這兒了」，撇清自己，並不替批條子的人隱瞞。到了最後，到農村去問村裡的農民，買到了掛勾肥嗎？都說沒買到。問他見過嗎？他說見過，隊長一袋、會計一袋。

　　你看，掛勾肥的實際分配體制，跟文件規定的差別巨大。只有在小部分程度上，是按正式文件的規定運作。絕大部分掛勾肥的分配，都是由不明說的規矩所支配、主導的，這讓我印象深刻。從那時起，我開始意識到中國社會的運行有一套不明說的規則。起初我想用「內部章程」去表達它，我猜測這種現象不僅在化肥領域存在，在很多其他領域也會存在。甚至於，在中國歷史上也會有很多這類事。但這只是我的一個感覺而已，當時並沒有往下深究。直到1990年代我細讀明史，才有了進一步體會。

　　陳：就在您寫《潛規則》的那段時期，農村裡胡亂攤派的現象很嚴重，幹群關係很緊張。那時還沒有免除農業稅，到處都是官欺民、亂攤派。這是否也是《潛規則》成書的重要背景之一？

　　吳思：當然。1990年代後期，我幾乎每年都到農村去調查。我有一個朋友在人民大學農村發展學院當教授，最近去世了，他當時有一個福特基金會的調查項目，追蹤三百戶農民，分布在安

徽的兩個縣和四川的兩個縣。我就跟著他們去調查，另外還有農
業部政策研究部門的幾個調查項目。我在調查中看到了許多史書
上提到的現象。按政府正式規定，中共中央三令五申，農民每年
繳的各種稅費，合起來不能超過總收入的5%。但是實際上，我
們一戶一戶問，不管是在安徽還是在四川，農民被逼著繳納的費
用大概在20-25%之間，也就是正式文件規定的四到五倍。基層
幹部總有辦法把這些錢拿到手，搜刮過來。一旦刮到了20-25%
的程度，種地基本就沒有任何利潤了，就白替人幹了，就把種地
的成本都擊穿了。農民被迫把外出打工賺來的錢墊進去，去繳這
些苛捐雜稅。

　　你要是讀明史，就會看到一些描述，大片的農田荒廢，農民
乾脆不種了，因為苛捐雜稅太重，種了這個地還不夠繳錢的。不
種要受罰，那乾脆就跑了，地也就荒了。我在安徽一個縣裡，看
到大片的田裡長著草，農民不種了、跑了。史書上寫的那些事，
全都在我眼前復活了。按照中國歷代從漢以後的官方說法，三十
稅一，農民只繳3.3%的稅，這點稅能把農民逼跑嗎？這看起來是
不可思議的事，3.3%的稅怎麼能逼走農民？可是，5%的稅顯然
可以把農民逼跑，而且就在我眼前發生。就這樣，我對歷史和現
實的理解一下子打通了。

　　陳：「潛規則」這個詞現在流通很廣，其中不少語意似已超
過了您原先的設定。以我觀察，至少在一開始，您寫《潛規則》
主要是針對中國的官民關係。

　　吳思：首先是官和民的關係，但也包括官和官的關係，以及
官和上級之間的關係。

　　官和民的關係，如果你看大明律或唐律，都有一套以官為主
體的規定。吏、戶、禮、兵、刑、工，都說得很清楚，但實際的

運作卻不是那麼回事。剛剛已經說了，管稅的戶部，就不是按明文規定去辦事的。刑部，例如法官賣自己的權力替人減刑，這種事也很普遍。像這樣的官民關係，古書和史籍都有很完整的記錄，也有相應的概念提出。例如各種耗羨、鬻獄等等，明清把這些統稱為陋規，而「潛規則」其實就是陋規的另一種表達方式，只是沒做道德評判。「陋規」是加上了道德評判的，「潛規則」這個詞就比較中性。

第二個是官和官之間的關係，這整套陋規也是非常完整的，包括怎麼送禮等等。我書中引了高陽先生舉的例子，那是講官員派人送畫到北京的琉璃廠估價，細節在這裡就不多說。當然，送禮現在是更加爐火純青了，包括大陸整個的藝術品市場，跟檯面下的送禮很有關係。此外還增加了各種金融手段。

陳：包括「跑部錢進」，辦法多得不得了。

吳思：「跑部錢進」不是新鮮事，「部費」其實是清朝的概念，指的是向吏、戶、禮、兵、刑、工各部送的陋規。只是現在不叫部費，叫跑部錢進。這類潛規則還包括，如果你從社科基金拿到比較大的課題費，你得給社科基金的主管官員多少回扣。這些規矩誰都不明說，但是各行業的人都知道。如果你不照辦，就會受到各種刁難和處罰。

另外，還有官和上級之間、皇帝之間的一套潛規則。

陳：除了錢權交易的雙方，還有「被潛」的第三方？

吳思：順著我的邏輯進一步講，潛規則的運作應該是一種三方關係。除了通過潛規則交易的雙方，應該還有一個第三方，譬如說公共道德或者法令代表，或者是上級（但是這裡所說的上級，必須是正式制度法規的代表）。如果我是個官員，我行使的權力是我所代理的公權力，這個公權力不是我的。當我把這個權

力出售給你的時候，不管是減刑還是免稅，或提供給你其他好處，肯定是不合法的，或者不合乎公共道德。正因為說不過去，才必須瞞著，才一定得潛。

陳：有些問題我不是想得很清楚，想請您再做些說明。比方說，剛剛提到亂攤派的例子。朱鎔基搞了分稅制以後，地方政府的財源不夠，也沒法把地方官員裁撤掉，於是地方官就去盤剝農民。但如果中央與地方的關係有所調整，也許就不至於剝削到25%？從這個角度來看，潛規則運作的「烈度」，跟宏觀的政治社會基本面是有關的？

吳思：肯定和宏觀的政治社會基本面有關，但基本面也需要分開來說。從結果看，2004年取消農業稅之後，各種苛捐雜稅失去了搭車收費的依據，合法傷害權沒了，盤剝農民的難度大幅度提高，各種潛規則基本消失。在這個意義上，取消農業稅就是最大的基本面。相比之下，中央和地方政府的事權和財權關係是第二位的。在取消農業稅之前，各個鄉鎮存在大量冗員，四五十人的編制，通常有二百人上班，他們以前吃潛規則的飯，現在沒飯吃了，被迫另謀生路。2009年我去安徽農村調查，看到一個鄉政府的辦公室裡掛著工作人員的分工名單，名單上只有五十來人。我問他們原來有多少？回答說將近二百人。這些人去哪裡了？大概有三條出路，這裡不細說。反正這裡沒有飯吃，這些人才會走。這裡有飯吃，吃得好，人就會增加，然後超編，越超越多，搜刮隨之越來越重。最後，徵收上來的各種稅費，甚至不夠支付這些冗員的工資。這樣的稅費基本成了人頭費，與地方政府承擔的公共事務，其實已經沒有多大關係了。

陳：您曾用「合法傷害權」去詮釋潛規則。但您也提及「被潛」的第三方，譬如法令代表或公共道德。那麼，以私害公的

「傷害權」何以是「合法」的呢？

吳思：所謂合法，主要指加害者的權力有合法的來頭。官員行使權力一般被認為是合法的。進一步說，行使權力的過程是否合法，也有一個從簡單到複雜的模糊地段。

先說最簡單的，刑法規定某罪可判五到十年，那麼，判五六年也合法，十年八年也合法，這是法官的自由裁量權，這個自由就可以做交易。

再說複雜點的，例如各種農業稅費，雖然總額限制在5%之內，但是具體哪一筆費用在這5%之內，農民搞不清楚，官員徵收到25%，似乎每一筆都是合法的，你拒繳任何一筆都是抗法。

更複雜一點，地方政府在自己的許可權邊緣收了一筆費用，例如徵糧時工作人員的一點加班費或誤餐補助，民眾想少排隊也不反對，這是否合法呢？

最後才是以權謀私，敲詐勒索。這麼做並不合法，但成本很低，風險很小，我稱之為「低成本傷害能力」。合法傷害權呈現為從白到黑的一個灰度系列。

陳：您表示潛規則有助於「降低交易成本」，這個提法跟新制度主義經濟學有關嗎？「交易成本」概念的始祖是科斯，他起初是在公司理論的脈絡下談的，他說通過市場機制進行交易的成本，有時要高於公司把這些成本給內部化。後來，很多人就把「交易成本」概念擴大化了。在大陸，我不確定「交易成本」最早是不是張五常推廣的？按張五常那種說法，所謂的腐敗、錢權交易、行賄、走後門等等，基本都很OK，因為這可以降低交易成本，甚至是一種必要的潤滑劑。

我多少擔心「降低交易成本」之說會有副作用。比如說，第三方（正式法規與公共道德）被潛，這本身不就是一種社會成本

嗎？張三行賄官員李四，買到了污染環境卻不受罰的好處，李四也從受賄中得利，但這種潛規則的運作到底降低了誰的交易成本？哪一種交易的成本？在這類案例中，「降低交易成本」之說可能會讓人覺得，反正中國社會就這個樣，為了降低我的交易成本（如靠污染發財的成本），我應該明智地按潛規則來辦事。曾經有人提出這樣的疑問嗎？

吳思：沒人這麼問過我。在追問誰的交易成本方面，你是第一個。

「交易成本」這個概念，最初我是從天則經濟研究所那裡接觸到的，他們走的就是科斯的路子。張五常寫過「交易成本」的詞條解釋，他的確是把它泛化了，好像只要有了人與人的關係，例如魯賓遜和星期五，就有了這種成本。狹義地說，交易可以專指經濟交易。一旦擴大化，你甚至可以說戰爭也是一種交易，因為兩個人之間可能出現戰爭、搶劫。但實際上，我們都知道搶劫不是交易，威脅你要錢要命也不是交易。「交易成本」一旦泛化到了經濟領域之外，進入政治領域，進入戰爭和軍事領域，就已經不叫交易了。

然而，我們又沒有其他概念去表達人際交往的成本。如果不叫交易成本，例如以「交往成本」去代替交易成本，也得大家都認了這個詞才行。如果不肯泛用交易成本的概念，我會選擇使用交往成本。可我認為名詞不是最重要，實質表達的意思應該更重要。我對潛規則的基本定義，包括了它可以降低交易成本，現在如果改用交往成本，意思還是一樣的。潛規則之所以成為規則，是因為雙方都形成了固定的預期：我給你這個錢你會辦這個事，我如果不給你這個錢，你又會如何懲罰我，等等。如果雙方沒有這樣的預期，你想讓我多繳我就是不幹，然後你想盡辦法收拾

我，那就對抗了起來，交易成本就很高。

其實，說腐敗有降低交易成本的作用，說它有助於經濟體制改革，能讓這個社會的改革加速，我在事實判斷上是接受的。從道德判斷上說它不對，是錯誤的，也說得過去。但這兩者之間的關係比較複雜，很難一概而論。如果說人民公社是憲法規定的，如果說違憲的東西就必須禁止，那「大包幹」（改革開放初期的包產到戶實驗）是不能生成的。當時安徽鳳陽縣小崗村農民之間的協議是，我們搞大包幹，但是不要讓上面知道。如果我們之中有人因此被抓起來了，關進了監獄，大家要出錢把他的小孩養到18歲。這就是一個潛規則，瞞著領導，瞞著上面，但它本身是出於對惡法的規避。如果小崗村所在的鳳陽縣的縣委書記，不肯睜隻眼閉隻眼，而是說你們違法違憲了，給我退回去，這完全是正當的。假設小崗村向他行賄，說請你假裝看不見，我們分你10%。而如果他真這麼做了，他就是腐敗分子，但他的腐敗卻讓大包幹活了下來，使農民受益。那你說，這種腐敗對於大包幹的存在和發展，不是起到了正面作用嗎？當然，歷史事實不是這樣。當時的鳳陽縣委書記陳庭元同情農民，暗自支持大包幹。地委書記王郁昭和省委書記萬里，也站在小崗農民一邊。我們看到道德、權力站在了潛規則一邊，法律和憲法站在對面。但其他組合也是可能的。

在事實層面上，當年英國貴族向資產階級讓步，是因為他們自己都開始做生意了。中國大陸的官員為什麼能向市場經濟讓步？部分原因是，這也為他們帶來了好處，而這好處可能是權錢交易帶來的，但市場經濟也因此減少了前進的阻力。你當然可以從道德意義去指責他們，可是道德跟歷史後果往往是兩回事，在中國尤其如此。

　　陳：是否可以說，「潛規則」的實際社會效果很難一概而論？有些錢權交易起到了好的作用，也有些錢權交易讓農民買不到低價化肥，等等。

　　吳思：對。潛規則的實際社會效果，取決於上邊那個正式法規的性質。如果正式法規是惡法，或者錯了，過時了，有瑕疵等等，相應的潛規則就有不同程度的正面作用。如果潛規則試圖規避的正式法規很好，很公道，相應的潛規則就有負面作用。道德是另一個評價維度，有可能站在法規方面，也可能站在潛規則方面，需要具體討論。

　　陳：您從對潛規則的分析，進一步發展出「血酬定律」和「元規則」概念。「血酬」是指流血、暴力所能得到的報酬。「元規則」是指暴力最強者說了算的meta-rule。您提出「血酬」的主要思路是什麼？「元規則」有歷史或社會本體論的意味，突出強調暴力是主導一切表面規則的終極規則。

　　吳思：血酬的主要思路，就是參照經濟學分析生產要素的思路，分析暴力破壞要素，或者說，把暴力要素引入經濟分析。在中國，我們到處都看到權力的作用，合法傷害權的作用，或暴力的作用。我從《潛規則》轉向《血酬定律》，是因為我把官和民、官和官、官和皇帝的關係都寫完之後，發現背後都有一個共同的東西。我認為，潛規則所涉及的交易成本，主要來自破壞要素，或者叫暴力要素。於是，我想進一步對暴力要素的投入和產出，給出一套比較完整的說法。

　　比如說，一個搶劫者玩命，投入了流血掉腦袋的風險，他的投入跟回報的關係是什麼？如何描述這種回報？這一定得有一個概念，我找不到現成的，所以我被迫造一個新詞叫「血酬」。暴力要素的投入和產出之間的關係，我叫做「血酬定律」。順著血

酬定律的思路，我覺得我的眼界比過去更開闊，分析中國也變得更順暢了。

　　血酬就是暴力掠奪的收益。如果暴力掠奪奪到的是天下，打下了天下坐了江山，就不必刀刀見血地去搶了。這時可以立一個制度，讓人來繳保護費或皇糧。譬如收了100億的稅，用之於民50億，總得幹些維護社會治安的事，然後再用10億維持政府的運作，剩下的那40億就揣在自己兜裡了，去包二奶包三奶，去養後宮去修皇陵等等。總稅收100億減去用之於民和維持政府運作的60億，剩下的40億就叫「法酬」。法酬等於全部稅收減去公共開支，由於我找不到已有的表達方式，就順著血酬的思路把它稱做「法酬」。法酬是血酬的升級版，是在血酬的基礎上，有了某種合法外型的一套收入，但仍然是暴力掠奪的收益。

　　血酬定律跟元規則有什麼關係呢？血酬定律說的是暴力的投入和產出，簡單來說就是三條。第一，血酬就是暴力掠奪的收益。第二，血酬定律是指當暴力掠奪的收益大於成本時，暴力掠奪就會發生。換句話說，暴力掠奪行為與收益正相關，與成本負相關。這是一個事實判斷。第三，暴力掠奪不創造財富，於是就牽涉到暴力掠奪集團跟生產集團的關係問題。「元規則」是決定規則的規則，在歷史事實上，這個元規則就是「暴力最強者說了算」。當然，暴力最強者也不能一意孤行，他要考慮到生產集團會不會偷懶，民眾會不會反抗、逃亡，然後尋找一個最佳的掠奪率，不管是稅率還是對自由的限制。元規則的主導者是暴力集團，是暴力最強者；他們計算成本收益的算法，是用血酬定律來描述的。

　　陳：您用「官家主義」這個詞來界定秦漢至今的中國社會，也是通過研究血酬所得出的？

吳思：有很大關係。從血酬定律和元規則的角度看，中國歷史呈現為一個又一個暴力集團的崛起。他們打天下，坐江山，建立大一統帝國，立法定規，吃法酬，然後被另一個暴力集團推翻，如此循環不已。如何稱呼這種社會？大陸一直把秦漢以來的社會稱為封建主義社會，但我們知道，秦始皇廢封建，立郡縣，封建制度到他那裡就被廢了。這個變化，從暴力資源分布的角度可以看得很清楚。

秦漢之前，暴力資源是分散的，小國林立，呈現出中小貴族架著大王的結構，統治金字塔上的每塊岩石都是擁有暴力的政治實體。秦把郡縣級封建貴族換成了代理人，代理人不能世襲，沒有私人武裝，岩石金字塔變成了金字塔形的鐵架子。暴力資源集中到最高統治者手裡，各級文武官員都是皇帝的代理人。隋唐之後，更要通過科舉考試選拔代理人。為了和封建主義區別，我把這種社會稱為官家主義社會。

用經濟組織比喻，封建主義好比商會，眾多老闆推舉一個有威望的老闆當會長。官家主義好比上市公司，老大率領眾弟兄艱苦創業，打下江山了，好比公司上市，論功行賞，封公封侯，老大當皇帝當董事長，然後杯酒釋兵權，讓其他創業者退居二線當股東，另外聘請一些MBA當經理。這時候封建是虛封，有名無權，官僚治理才是實的。所以，官家主義比封建主義更準確。

當然也有其他現成的稱呼，例如東方專制主義，皇權專制主義。但是，無論是東方，還是皇權，都不如官家準確。官家這個詞有三個釋義，一指皇帝、二指官府衙門、三指官員個人，中國古代誰能「主義」呢？如果把主義的「主」理解為當家作主，把主義的「義」理解為規則的話，在中國古代當家作主立法定規的正是這三個主體。皇帝立法就是王法，衙門立法就是部門法規或

地方法規，官員個人立法就是潛規則。這三者之間經常勾心鬥角爭奪地盤，但作為一個整體，官家才是主義的力量。皇權專制主義的概念無法顯示官員個人所主導的潛規則的存在，也看不出地方或部門法規架空皇權的政治格局，例如藩鎮割據，或毛澤東所說的「條條專政」──中央各部門自行其是，不把皇帝的旨意當回事。我們知道，在中國歷史上，潛規則和各種割據都是導致王朝解體的重要力量，官家主義的概念可以幫助我們分析這些力量，而皇權專制主義的概念卻遮蔽了皇權之外的力量。東方專制主義的概念就更模糊，連中國和日本這兩個東方國家的重大差別都被遮蔽了。

陳：您曾經表示血酬史觀最適用於暴力主導的社會，但您堅持「元規則」也適用於當代的憲政民主社會。我在網上看到一篇胡平對您的評論。他從憲政民主的視野，質疑您太過強調人都是追求自身利益的極大化，也太過單面向地強調暴力因素。對此批評，不知您有何回應？

吳思：我認為「暴力最強者說了算」這條元規則，跟憲政民主並沒有衝突。在憲政民主國家，例如美國，誰是暴力最強者？總統是三軍總司令，而總統是選民選出來的，因此，選民或公民就是暴力最強者。立法機構的議員也是選民選出來的，他們代表選民立法定規。總之，公民作為暴力最強者決定各種法規和政策及其實施。元規則，決定規則的規則，暴力最強者說了算，對當代美國顯然很適用。

我確實接受人們追求「利益最大化」的假定。我認為，只要把利益的定義放寬一點，不把利益全等於金錢，這就是一個事實描述。每個人在追求利益最大化的時候都明白，你其實不僅僅追求錢，你的人性非常複雜，你會在乎你的安全，會在意內心的安

寧，也會有同情心和正義感。按孟子的說法，惻隱之心人皆有
之，這些人性收益也包含在我所謂的「利益」裡面。

　　追求利益最大化，也可以和民主憲政相容。從群體角度看，
利益最大化有三種：民族整體利益的最大化；統治集團利益的最
大化；還有民眾利益的最大化。從中國歷史可以很明顯地看出，
官家主義體制從秦漢一直到清，如果只算大一統帝國（不算五代
十國和魏晉南北朝），平均壽命是171年，時候到了就死。如果
把五代十國和魏晉南北朝也算進去，平均壽命是66年。死因有三
條：40%死於民變，40%死於官變，還有20%死於外族入侵。官
家主義體系控制不了這些因素，到了時候就死。一旦死了就一塌
糊塗，民苦官也苦，統治集團也好不了。為了統治者和民眾的雙
方利益的最大化，為了民族整體利益的最大化，建立一個長治久
安的憲政民主制度是合算的。

　　我對暴力要素的強調，是就歷史事實而言。在人類歷史上，
暴力行為比生產行為更早出現，要早得多。為什麼人會生產？如
果那些猴子猩猩能以很低的成本去搶劫，收益很高、成本很低，
為什麼不繼續搶？在這個意義上，出現生產行為的一個隱含的前
提是：暴力掠奪的成本太高。生產行為的出現是因為暴力掠奪不
合算，這個簡單的歷史事實證明，暴力收益或是血酬的計算具有
根本性。

　　陳：您提到「民族整體利益」，不知您怎麼看民族主義和愛
國主義？

　　吳思：由於中國政府不斷強調愛國主義，愛國主義有了一種
公開表達、暢行無阻的合法性，所以顯得聲勢比較大。但是在知
識分子當中，很多人是對民族主義或愛國主義保持警惕的。談民
族主義可以，但應該對民族最大利益有個清晰的表述。如果你的

民族主義只說愛國愛國愛國，卻不談這個國要變成什麼樣才會可愛的話，那你沒有解決根本問題。自由主義者說，這個國應該尊重每一位公民的權利，不能是一個貪官污吏遍地的國家；應該實行民主憲政，而不能是一個專制的國家；這樣的民族才是一個值得尊敬的民族，一個可愛的民族，才是一個可愛的國家。我是支持這個觀點的，所以我認為民族主義不是一個終極的主義。我對於那種民族主義的熱鬧吧，始終有所警惕。

三、憲政民主與《炎黃春秋》

陳：您何時成為一位憲政民主主義者？1997年您到《炎黃春秋》雜誌社服務，後來擔任《炎黃春秋》總編輯。能否請您談談這份刊物的方針和理念？

此外，您最近提到憲政民主或自由主義應該中國化，並表示三綱五常可以跟憲政民主接軌。我估計，憲政民主中國化的提法有不少人支持，但跟三綱五常接軌卻一定有很多人反對。

吳思：我把你的問題分為三條。第一個是我對憲政民主的看法；第二個是《炎黃春秋》是什麼樣的雜誌？第三個就是憲政民主怎麼和三綱五常接軌？

先講憲政民主。其實憲政跟民主還是兩回事。憲政是對權力的制約，重點是談三權分立那一套，談民跟統治者之間的總契約，如何限制權力、互相制約，同時民又如何保障自己的權利。但「民主」不見得就是限權，不見得就是憲政。不受憲政制約的民主，就不是憲政民主。

應該說，我這一代人幾乎從小就覺得「民主」理所當然，就沒有反對過。我們關心的是這個民主是真是假，或者黨是不是就

代表了人民的利益。如果黨代表了人民的利益，人民也一直在擁護黨、擁護毛澤東，那麼，共產黨推行的無產階級專政就等於民主。這在文革中幾乎是不成問題的。人民不包括階級敵人，你要是讓人民在文革中選舉，選出來的就是毛澤東，不會是別的人。長期以來，共產黨的理論不斷地說黨的利益和人民的利益是一致的，說這是我們一切工作的出發點。總之，我們一直擁護民主，也擁護黨的領導，是因為我們覺得民主跟黨主、跟黨的領導是一回事。

但後來發現不一致了，發現黨的利益跟人民的利益不一定一致。這是大包幹之後，慢慢形成的一個意識。你看看大包幹，民心是大包幹而不是人民公社，這是老百姓意願一次清晰的表達，但一開始跟黨意並不一致。我在辦報的時候，也不斷遇到人民性和黨性的衝突，這是大陸新聞界一定要面對的問題。我們這家報紙是人民的喉舌，還是黨的喉舌？報紙是要講人民性還是黨性？黨說，黨性跟人民性一致，但我們經常看到不一致，聽黨的跟聽人民的就是兩回事。六四以後，這種衝突走到了無法調和的程度，你想迴避都迴避不了。黨就是黨，人民就是人民。那誰說了算？我清楚看到的是，暴力最強者說了算。誰是暴力最強者？黨指揮槍，黨就是暴力最強者，人民不是。於是，對於民主的追求就成了一個特別突出的問題，因為六四顯現出了人民性與黨性的重大差別。

在六四過程之中，比如說新聞界要求放開民間辦報，這些還只是對自由的訴求，不直接是對民主的訴求。如果黨能夠容納這些的話，那黨領導就領導了。當然我們希望有選舉，讓黨成為選出來的領導，而不是自封的領導。如果黨能夠既搞經濟體制改革，又搞政治體制改革，全面民主化就不是最迫切的，至少還可

以等。我個人對民主始終有興趣，但如果你非要問我何時對民主非常感興趣，那就是六四之後。

等我把憲政和民主之間的關係搞清楚，已經是很晚的事。本來我覺得民主就行了，好像用不著說憲政。但後來看到希臘的歷史，才知道民主帶來的不一定是憲政，還可能是暴政。我對憲政的興趣，其實是說民主一時還辦不到——中國的民主化將是一個漫長的過程，馬上讓中國的既得利益集團放棄既得利益，這太異想天開了——退一步的話，在這個過程之中，是不是能先讓民間的權利多一點？言論自由能不能擴大？結社自由能不能擴大？其他社會自由能不能擴大？司法能不能先有點獨立性？對我來說，憲政的訴求是這樣出來的。憲政是作為憲政民主的替代物，是一個退而求其次的選擇。

陳：按您的說法，憲政民主制度讓人民變成了暴力最強者，但憲政民主跟秦漢至今的中國官家主義很不一樣。那麼，憲政民主跟潛規則、血酬定律、元規則的關係為何？

吳思：一旦進入我自己的思路，我對民主和憲政就有些不同的理解了。《潛規則》在考察個案時，發現受害者都是弱勢的那一方；他的反抗成本太高，對於欺壓他的一方，幾乎沒有還手之力。即使可以上訪，但成功率不足1%，代價極其昂貴。從民和官之間實力懸殊的對抗，順著這個邏輯就會提問：如何能降低民眾的反抗成本？如何讓告官的成本降下來？他可以找議員去告嗎？可以找報紙打抱不平嗎？可以自己結社，組成工會或農會以分攤自己的反抗成本嗎？可以投票去選領導人，讓縣委書記、市長或縣長能夠管管下屬嗎？順著潛規則案例的拆解，可以清楚地看到該怎麼對付潛規則，我自己的憲政和民主思路就是這樣的。我的民主憲政觀主要來自於對中國歷史和中國問題的一種理解，

然後我發現，這些東西跟西方傳來的自由主義沒有任何隔閡，可以很順暢地對接。天視自我民視，天聽自我民聽，是我們傳統中一個難以落地的說法；把民視民聽制度化，就是民主。

　　暴力最強者說了算，在中國歷史上是事實，一直到現在還是事實。在西方，比如說在歐美，元規則也依然起作用，但是已經拐了一個彎了。如果選民成了暴力最強者，如果軍隊變成了選民的保安，那我們說這是民主憲政國家就行了，不必從盤古開天地說起。當然，這是指作為國內秩序的憲政民主。國際社會至今沒有民主也沒有憲政，還沒有徹底走出叢林社會；在這類情況下，元規則並沒有拐彎，而是直接展現出來。

　　在中國社會，元規則的展現是赤裸裸的。暴力集團掌握了立法定規的權力，但這種無限膨脹、不受制約的權力，最終都會加速地走向滅亡，死於自己的問題。這類由暴力集團統治的制度，無論是對統治者還是被統治者，還是對於社會整體，都是一個壞制度。這就是我的價值判斷。我認為人類已經找到了免於兩敗俱傷、雙雙滅亡的一種制度，就是實行民主憲政，這是人類文明的偉大成就。簡單說，就是把統治者關到籠子裡去。

　　文明就是對暴力的抑制和控制，而人類社會在各民族國家裡已經走到了這一步。國際社會也正努力往這個方向走，做各種試驗，從砍人頭到數人頭，尋找一種新的世界層面的民主憲政。這是整個地球人類長治久安的基本方向，這也是我的價值判斷。

　　陳：但當局始終拒絕憲政民主化的變革，反而往國家主義或法西斯主義的方向前進了好幾步。

　　吳思：中國出現德國納粹或法西斯那種水平的民族主義的可能性，我認為微乎其微。你想想希特勒出來的時候，那種日耳曼民族的優越意識和人種的自負，多少是有些底氣的。當時德國在

經濟上，解決了一堆失業問題。在學術上，有一大批大師級人物。在治理上，德國政府極其嚴謹，沒有多少潛規則之類的東西，也沒那麼多腐敗。從這些實際的表現來看，如果不提他們屠殺猶太人和對外擴張的話，如果他們說德意志民族是優秀的，這應該也是有道理的。但中國人能這麼說嗎？你看看，大陸稍微有點辦法的人，都紛紛往外逃，都想脫離這個國家。我們腐敗得一塌糊塗，還能有多少自豪感嗎？不管是上天下海、登陸月球或是奧運會，大家都知道這是用老百姓的錢堆出來的。這種炫耀的背後其實是心虛，並不是真實的民族自信和自負。跟德國比可差遠了，我覺得自我膨脹的根基很脆弱。

陳：您剛剛提到，憲政訴求是在全面民主化暫時不可能的情況下提出的。如果立刻實現全面的選舉民主不可能，或暫時無法為既得利益集團所接受，那至少各級人大選舉、縣級直選可以朝正常化的方向發展，增強司法獨立性，並逐步擴大言論自由和結社自由？在我印象中，擴大民主選舉也是《炎黃春秋》的重要主張，是這樣嗎？

吳思：對。譬如說，鄉鎮直選應該沒問題吧？村一級的直選，選的一直是二把手（村民委員會），村黨支部書記才是一把手，而黨支部書記是黨內選拔的，不是民選的。如果讓選上的人當一把手，又有什麼不可以呢？再往上，鄉鎮這一級，我們覺得直選也完全可以。縣一級的一把手直選，我認為也沒有任何困難。就從村走到鄉鎮、走到縣級，這是一個很順暢的路。你說一年走不到，你有道理，但三年五年總可以吧？

再說人大的選舉，如果多弄出幾個差額，擴大了選擇空間，也就近似於真民選了。如果再允許他們發表不同的政見，帶來競爭性，真會天下大亂嗎？好像正好相反，反而會讓天下慢慢安定

起來，讓薄熙來那樣玩陰謀手段的事情減少。所以，我覺得民主是能夠實行的，只是一旦跟既得利益發生衝突，實行起來會比較難。遇到比較難的時候，在不觸動特別強硬的既得利益的情況下，那是不是可以多來一點憲政方面的建設？法治、公民社會、政治民主、行政體制，各自都有一些不能替代的獨立性，政治體制改革無須要麼全部，要麼全不。

陳：您說《炎黃春秋》在2013年年底，印量已達19萬本。讀者大部分是黨員嗎？

吳思：我們只有印象，沒有詳細的讀者調查。從來信和來稿中，我感覺《炎黃春秋》的讀者有70-80%是五、六十歲以上，年齡比較大的。

陳：包括所謂的「兩頭真」？有人說幹部退休之後，就可以說真話，也愛看真話了。

吳思：「兩頭真」一般是指1949年之前加入共產黨的人，現在差不多都年過八十了。我們的讀者中就有很多兩頭真。實際上，大學生甚至十幾歲的中學生也讀，但是我們很少看到他們的來信，也許他們就不喜歡來信，更喜歡微博。我聽說各個大學的閱覽室裡，《炎黃春秋》是翻得最爛的一本，那我們就想，也許我們的讀者在大學生裡也不少。但我不知道這些年輕人是不是黨員。

陳：《炎黃春秋》被定位成體制內的民主派或開明派，是出於什麼樣的歷史背景？

吳思：《炎黃春秋》是1991年創刊的。在1995-96年之前，這個雜誌的編委班底基本已經形成，就是黨內的民主派或開明派的一些老人。但是雜誌該怎麼辦，一開始並沒有那麼明確，有過不同方向的試探。到了1996-97年，編輯方針就比較清楚了，主

要關注重大歷史人物或歷史事件，以及相應的分析和評論。我們的讀者通常是年齡較大的離退休幹部或知識分子，大概就是這個圈子。我們的編輯原則是「實事求是」，不管這個事如何忌諱，如果實際發生又很重要，我們就盡量登，當然實際上經常登不出來。按照我們社長杜老（杜導正先生）的說法是，我們只是說了一點真話，兩點都不敢說，但是說這一點就已經顯得突出了。

陳：登不出來是因為審查？

吳思：終審就到我這裡，登不出來主要是因為自我審查。我們自己形成了一個對於什麼能登、什麼不能登的理解。登了什麼可能要命、什麼可能要寫檢查，我們心裡對這個邊界非常清楚。你要是在這個環境裡幹二十年，你也會非常清楚。任何一篇稿，一看就會知道是沒什麼問題，或虛驚一場，或能讓這雜誌死掉，這些都能做出判斷，只是很難清晰地表達。在這個行業，潛規則是起主導作用的；雖然憲法上清楚寫著言論和出版自由，但實際上有各種限制。什麼東西能自由發，什麼東西不能自由發，這是我們這行每天都要面對的。對我們來說，潛規則不是身外之物，而是我們生活其中、內化到我們心裡、決定我們生死的東西。像杜老說的，我們知道一點真話可以說、兩點就會傷、三點就會死等等，這些分際非常精確。當然我們也會試探，在適當的時候，嘗試著把一點真話擴展到一點零一、一點零二、一點零三。

《炎黃春秋》的辦刊方針是實事求是，也主張政治體制改革，這兩點我們覺得是一致的。實事求是，自然會從歷史的經驗教訓中得出推動政治體制改革的結論，這是我們的基本看法。但是我們也知道有些高壓線不能碰。杜老替我們總結出七不碰，有七條線不能碰，一碰就可能要命。一旦決定不碰這七條高壓線，在其他方面反而會有一些自由感。

陳：七不碰是哪七條？

吳思：我就說一條吧，比如說六四不能碰。你要是登文章說六四怎麼怎麼，下一期雜誌就別想出了，非常危險。

陳：《炎黃春秋》登了不少呼籲政治體制改革的文章，包括2007年謝韜的〈民主社會主義模式與中國前途〉。據您評估，這份刊物的影響力有多大？

吳思：影響力很難評估，但我們的發行量迅速上升，每年都有15-20%的增長。這些年印刷的媒體，包括《南方周末》和《南方都市報》，都受到更嚴格的管理，包括開除人。但《炎黃春秋》跟他們不一樣。他們是政府投錢的事業單位，錢是政府的，人員編制也是政府的，政府可以隨便換人。《炎黃春秋》當年是杜導正先生（曾任新聞出版署的第一任署長）還有他的幾位朋友，借了一筆錢辦起來的，等賺到錢了再把錢還了，就沒拿政府一分錢。按大陸的體制，一旦成立一個報刊，就有相應的編制，包括財政撥款。但是《炎黃春秋》沒有這種編制，我們的人大都是退休後來這裡幹活；或者，像我這樣離開原單位跑過來的，等於是下海了，扔了原來的鐵飯碗。

每一期賣五、六萬份就可以自己養活自己，所以我們當然完全能養活自己。經濟上，國家沒投一分錢。人事上，國家沒給編制。我們的主管主辦單位是炎黃文化研究會，而炎黃文化研究會又掛在文化部。炎黃文化研究會是一個很大的協會，歷任會長包括了政協副主席、開國上將、人大副委員長等等，官比較大。雖然他們退下來了，但是資格和地位還在那兒。費孝通擔任會長的時候，基本上全部的事情都交給杜老來辦。在這種體制下，政府就不好干預我們的人事安排，也不能拿走我們的錢。這樣我們就有了事實上更大的自由度，即使出了一點事，也不用像南方報系

那樣擔心人員撤換問題。

陳：大陸各界已經把《炎黃春秋》視為體制內主張政治體制改革的言論代表了，是不是可以這麼說？

吳思：好像是。如果是說體制內、黨內，那《炎黃春秋》的確是呼籲政治體制改革的主要代表。但我們主要是發評論、提觀點，我們不會去做任何好像是組織的事，更不涉及黨內高層的人事派系。

陳：《炎黃春秋》呼籲政治體制改革，可是事實上，這至今雷聲大雨點小。就您個人來說，您是樂觀主義者嗎？或者，您有較強的危機感？

吳思：每個人都不一樣，像杜老就有比較強的危機感，但我就沒有。我經常去調查農民和農民工，他們對這個社會基本還是滿意的，因為他們的經濟機會仍在擴大之中。我認為中國當前並沒有大規模動亂的基礎，大眾的生活還行。除非發生大的經濟危機，天下大亂的「血線」暫時不會跌破。真正的問題是官失控，而這個問題的解決應該會在上層完成，無非是過渡快慢而已。為了避免官失控，就需要重新形成一個大家都認可的權威，像憲政這樣的權威。

陳：您估計，這個過程需要多長時間？

吳思：我覺得10年到15年就差不多了，不至於到20年。關鍵仍在於利害關係的計算還沒算通。不是很多人說政治體制改革是與虎謀皮嗎？你想想，說與虎謀皮也沒錯啊！一群貪官污吏，至少老百姓覺得當官的幾乎都是貪官污吏，你要讓他們搞民主憲政，這不是要他們的命嗎？如果將來一清算起來，一個個全都要沒有好下場，那他們就不會搞民主憲政。但是如果能有一個路子，把利害關係給計算清楚，說不定民主憲政很快就會施行了。

貪官污吏不想送命，但也希望能夠漂白，假如這個關節能打通，
就會出現合力。

　　陳：南韓和台灣這類漸變式的轉型，您認為對中國大陸是有
意義的嗎？

　　吳思：當然有意義。你看杭廷頓寫第三波民主化，他說民主
轉型有三種：第一種叫改革，就是政府主導，例如台灣；第二種
叫替代，就是民間主導，推翻舊的政府；第三個叫改替，民間和
政府的力量都很強大，雙方商量著來，例如在韓國和南非。杭廷
頓說，凡是政府主導的改革，全都沒有清算。而替代，或民間推
翻政府的類型，基本都要清算舊帳。改替，是雙方協商出來的，
有的清算有的不清算，通常用真相代替清算。

　　從這個推理就可以看出，其實對於貪官污吏，或者有各種人
權罪惡的政府官員來說，他們利益最大化的方式就是自己主導改
革。這樣一來，以前的舊帳就不會被追究了，舊帳就變成了呆
帳、壞帳。這種政府主導的轉型，就是既得利益集團的利益最大
化方式。反過來，你如果遲遲不改，失去了主導權，被人家推翻
了，你的舊帳都會被人清算。問題是，統治集團如果根本沒想到
這問題，或想到了但是不敢做，那我們該怎麼辦？

　　陳：您有何高見或具體方案？

　　吳思：我的思路是「用特赦換憲政和民主」。我最近在想，
如果設計出一種激勵機制，以特赦換民主或憲政，這種政治交易
說不定具有可行性。比如說，如果深圳、海南或其他地方願意當
政治特區，那就可以有那麼一個懸賞：一旦你完成了階段性的政
治體制改革，譬如縣一級的直選、省的差額選舉、或司法的獨立
等等，在驗收合格之後，這個特區所有貪官污吏的舊帳都不問
了。當然，六四的責任就也不問了。等於與民更始，重頭來過。

　　雖然中國的政治體制改革看似遙遙無期，可是一旦把利益算通了，也可能會很迅速地實現。這是我個人的看法。

　　陳：按您的說法，如果「用特赦換憲政和民主」行得通，那就不清算了。但在清算與否、清算程度之外，您怎麼看所謂「轉型正義」的其他面向，包括賠償、真相、和解、歷史記憶等問題？六四仍要「平反」嗎？再往前，還有大躍進、反右及其他。在歷史記憶的層面上，過去所發生的重大罪惡，您主張未來要如何面對、處理？是要永誌不忘，或模糊帶過，或乾脆遺忘？

　　吳思：事實上，平反通常是比較普遍的，因為每個人都能從平反得到好處、補償。清算則有人受害，是以前害人的人受害。但你即使砍了他腦袋，也就是出口氣而已。我自己的主張是將來要補償以前的受害者，但是以前的加害者或加害集團如果能將功贖罪，主導、推動政治體制改革，那針對個人的清算就免了，只需要平反和補償。從轉型正義的角度說，這就是堅持補償性正義，同時拿懲罰性正義做政治交易，換取更高層次的正義。

　　當然，不清算，不等於歷史上發生的罪惡就沒了。等完成了政治體制改革之後，還是有事實真相要追究，要對歷史有個交代。不清算可以，但歷史事實總得說明白。

　　陳：公布檔案讓大家研究？

　　吳思：當然。

　　陳：歷史記憶呢？

　　吳思：納粹在國家社會主義的理論指導之下，屠殺了600萬猶太人，主要是德國和波蘭境內的猶太人。中國則是在階級鬥爭的理論指導之下，使數千萬人喪生。一開始就殺了幾百萬，然後在追求共產主義理想的名義下，餓死了3,000萬人。又在無產階級專政下繼續革命，迫害了上千萬人。這種受害的規模遠遠超出了

猶太人，而且死難者，包括大饑荒的亡者，想補償也補償不到了。

所以我認為，在政治轉型之後，中國應該有一個「永誌不忘」的誓言。以階級的名義去屠殺，以理想的名義去餓死人，強制人們去走你的天堂之路，這些都是人類歷史上刻骨銘心的教訓。這事就得永誌不忘，向自身後代發誓永不再犯。

陳：轉型後的中共，不管是否還叫中共，有可能承認歷史污點嗎？

吳思：好多東歐共產黨在社會轉型之後，自身也轉型為社會民主黨。中國共產黨如果轉到了社會民主黨的路子，完成了黨的轉型，也就等於跟過去做出了切割。如果不轉型，這個包袱太重，它的確背不了。

陳：憲政民主和《炎黃春秋》都談了，還剩下跟三綱五常接軌的問題。

吳思：這個問題其實挺簡單。2007年我寫了一篇文章，討論right這個英文概念應該如何翻譯。我們知道，美國傳教士丁韙良，後來的京師大學堂總教習，在翻譯萬國公法時把這個詞譯為「權利」。當時嚴復就批評這個譯法是「以霸譯王」，把正義感譯丟了。丁韙良辯解說，中國沒有這個詞，我只好造一個。這裡的權不是指有司之權，而是指民眾之分。

丁韙良用了一個儒家概念，名分的分，來澄清權利的本意。在漢語詞典上，「分」的釋義正是權利和義務。如果丁先生直接用分來翻譯right，用「權分」表示權利，用「義分」表示義務，西方的核心概念就和儒家的核心概念接軌了。按照莊子的說法，「春秋以道名分」，儒家史學最關注的就是名分邊際的變遷和名實變化。這個變化始終存在，孔子說，通過夏商周三代之禮的因革

損益，他可以預測百代之後。禮好比一個金字塔，名分就是建構金字塔的岩石，每塊岩石都有名有分有邊界。從分際變遷的角度看，從三綱五常到憲政民主，無非是名分變遷的不同階段，以及對這些階段的不同命名。我對這個系列變遷的量化描述是：民眾的權分，從30平方米逐步擴展到100平方米，臣民成為公民。政府首腦的權分，從10,000平方米逐步降到100平方米，皇帝成為公僕。至於變遷之後的分際的正當性，上合天理，下合良知，儒家的正當性論證方式可以照單全收。

中庸開篇說，天命之謂性，率性之謂道，修道之謂教。這三句話構成了一套完整的正當性論證體系，而且這種論證大體合乎現代科學的認識。第一句，天命之謂性，從造化到進化，造成了我們的人性。神經科學可以準確地確定同情心和正義感在人類大腦中的位置，仁義之性確實是天生的，人之初性本善是有科學依據的。第二句，率性之謂道，按照人性的自然比例，性分的比例，利己利人，推己及人，這就是道。我們知道，市場制度和民主憲政的基礎就是理性自利，維護自己的權利，同時尊重他人的權利。第三句，修道之謂教。不符合上述原則的，無論是過分強調利他的集體主義，還是過分強調統治權力的三綱五常，都需要修正調整，然後按照正確的原則修身養性。

通過上述概念和理論的接軌，我們的傳統就可以實現創造性轉化，西方的民主憲政也可以在我們的傳統中落地生根，成為禮和分的系列變遷的一個新階段。名教和禮教由此可以轉化為公民之教和民主憲政之教。

陳：您來過台灣，不知您對台灣的社會和政治有何觀察？在大陸的政治轉型過程中，您認為台灣能起到哪些作用？

吳思：台灣轉型的成功，轉型後運作的成功，這些成功的示

範就是最大的正面作用。從尚待轉型者的角度評價，台灣的示範
比韓國好，韓國前總統被追究得比較狠，儘管後來赦免了，還是
會讓掌權者懼怕轉型。台灣幾乎無人受損，要抵制人人受益的好
事就比較難。當然，台灣轉型後的部分現象也會起到負面作用，
包括有陳水扁在內的貪污腐敗等等。

我只去過台灣一次，走馬觀花，總體感覺很好，尤其在公民
社會方面。當然也有一些走馬觀花式的疑問。

第一個疑問是，台灣是否太重視兩岸關係了？兩岸關係對日
常行使自由權利的影響有那麼大嗎？居然以此劃分政治陣營？看
看歐盟的現狀，五十年以前根本無法想像。五十年之後大陸和台
灣是什麼樣，現在能想像嗎？如果看得長遠一些，很多現在的大
事就成了小事，就不必這麼在意。

第二個疑問是，為什麼缺乏看得長遠一些的社會氛圍呢？作
為媒體人，我感覺台灣媒體的作用太強大了，我甚至聽到過媒體
治國之類的批評。立法院的氣勢壓過政府，媒體的氣勢既壓過政
府，也壓過立法院，於是，三權分立的格局，再加上第四權力媒
體，最終呈現為媒體獨大之勢。但誰獨大了都不是好事。媒體最
在乎讀者的口味，而民眾的口味偏向醜聞和八卦，偏向眼前的各
種問題，於是媒體就關注醜聞和八卦，就盯住眼前的問題不放。
社會上總要有一些人，思考關注一些更加長遠深刻的事。這些人
必定是少數，但他們思考的問題比較重要，不應該淪為弱勢。怎
麼做到這一點，我說不出來，但這是需要解決的。

現在台灣的政治格局偏小。我覺得，除了示範作用之外，台
灣其實可以在大陸轉型方面發揮更加積極主動的作用。兩岸這麼
近的距離，如果雙方都好起來，合作起來，對任何一方都有巨大
的利益，抓住這個利益，需要更加開闊開朗的心胸。

建設性的政治反對派

陳子明訪談

陳子明

浙江海鹽人，1952年生於上海。1968年從北京八中赴內蒙古阿巴嘎旗插隊，任大隊幹部兼赤腳醫生。1974年返回北京，就讀於北京化工學院；隔年因通信議論時政，遭開除學籍，定性為反革命。1976年參加四五運動，1979年任民辦刊物《北京之春》編委，1980-81年組織北京高校競選運動。1980年代中後期，創建北方書刊發行公司、中國行政函授大學、北京財貿金融函授學院、北京社會經濟科學研究所等民辦機構。1989年被捲入學潮，成為判刑最長的知識分子。1980年代初，率先提出「憲政國家」目標；1994年首創「中國政治反對派」、「負責任的建設性反對派」概念；2007年疾呼「改革已死，憲政當立」。2012年重新闡發梁啟超與章太炎的「革政」思想，力陳唯有建立符合普世價值的憲政民主制度，「以革政挽革命」，才能實現相對平穩的民主轉型。自參與四五運動以來，推動中國憲政民主的思想與社會建設不遺餘力，筆耕不輟，著有《陳子明文集》共十二卷。不幸的是，陳先生在2014年10月21日因病於北京去世，享年62歲。

一、三朝元老

陳宜中（以下簡稱「問」）：陳先生，您是中國憲政民主運動的三朝元老。當然「三朝」只是個比喻，您從1976年的四五運動，後來的北京之春運動，1980-81年的北京高校競選運動，1980年代中期的民間文化事業，直到1989年5月被捲入天安門學潮，幾乎無役不與。

我想從1976年的天安門事件，也就是「四五運動」前後開始問起。我注意到，您曾經在內蒙當過赤腳醫生，然後回到北京。但返京不久，您1975年就成了「反革命」。

陳子明（以下簡稱「陳」）：我1974年回到北京，那時是叫「工農兵學員」。文革後期，毛澤東說大學還是要辦的，尤其是理工科大學要辦，而我是學理工的。1973年，在張鐵生繳白卷的事件之前，很多省恢復了一項考試，就是不完全靠推薦，而且還要考一下你的文化知識。就是1973年那次，我考的成績很好，所以通知我去吉林大學讀物理化學。但是沒有發錄取通知書，因為我們牧區都很遠嘛，只能通過電話線，先送個通知下來。我就開始做準備啦。

不巧，就在這個時候，發生了張鐵生的白卷事件。這個事情發生了以後，考試上大學被說成是復辟，說是反文革的，所以又把它取消了。我們大隊那一年有兩個人要上大學，一個去長春地質學院，另一個就是我，準備去吉林大學。那個長春地質學院的，後來還走成了，但我就給刷下來了，這是1973年的事。

到了1974年，我們那邊還是推薦我去。通知我的時候，也是通過電話系統，說陳子明錄取了北京大學。但我到了旗裡去拿那個紙袋通知時，一看怎麼是北京化工學院啊。後來聽說那年北大

在阿巴嘎旗招七個人，因為七個都是男生，為了至少有一個女生，就把我調到北京化工學院了。

問：您是北京八中的，是否一些八中同學都一起去內蒙牧羊了？

陳：那不是。我們班的同學就去了很多地兒，有去吉林的，有去延安的。我是我們這個年級（文革開始時的「老初一」）最早走的，就1968年分配的時候，分配的是66屆和67屆，68屆當時還沒有分配，但是我提前要求走了，在1968年8月就走了。我們班多數同學是1968年12月到1969年3月走的。

問：您何以會在1975年被定性為反革命？您對文革的懷疑，一開始也跟林彪事件有關，但後來怎麼會變成反革命？是通過地下討論、自己看書，還是有朋友或家庭背景的影響？

陳：都有，有個人經歷，也不斷看書思考。我比一般的同齡人覺悟早一年，我是1970年覺悟的，多數人是1971年。我是在陳伯達倒台時就覺悟了。我在1970年參加過阿巴嘎旗學習毛澤東思想的積極分子代表大會，那個大會上還有周恩來的姪女，我去講我對毛澤東階級鬥爭理論的理解。

我們下鄉後發現，幹活兒好的、玩命的都是牛鬼蛇神，都是地方的專政對象。有一些什麼貧下中農啊，大都好吃懶做，不愛幹活兒。我對這個現象就很疑惑，因為按照傳統的階級理論，不應該是這個樣子的。貧下中農當時說：知識青年插隊，貧下中農沒事幹了。我們的勞動積極性和勞動技巧，都是跟地方的牧主、富牧學的。所以我就認為，階級鬥爭主要是「抓革命、促生產」的一個手段，並非牧主就一定是壞人。如果不抓階級鬥爭，在公有制社會裡，人都不幹活兒了。正因為這樣，毛澤東才人為製造出階級鬥爭的緊張風氣。

問：這是您1970年的想法？

陳：從1969年就開始有了。我1970年開大會時說，不要從表面上去理解階級鬥爭，因為階級鬥爭的最終目的是要促進生產。陳伯達講，抓革命最終還要落實在生產力上，還是要搞技術革命、電子革命等等，我認為這個說法是對的。結果陳伯達在1970年9月的廬山會議上，被打成了反黨分子，說是有個林（林彪）陳（陳伯達）反黨集團。

文革開始時我才14歲，但我對文革的全過程很了解。我當時經常到各大學去探查，因為停課鬧革命嘛，就沒事幹了，沒事幹了就去探查。報紙上曾號召長征，說串聯會影響火車運輸，最好是步行長征。外地的長征我倒沒去，但我在北京市內長征，就是經常步行去八大院校轉一圈。我對文化大革命的全過程，裡頭的各種思潮，包括「新思潮」和「聯動」的思想都非常熟悉。

問：您回顧四五運動時，曾說您和劉迪是那場運動中自由民主意識最強的人。當時真有那麼清楚嗎？

陳：印紅標寫過一本文革中的青年思潮，香港中文大學出的，他在寫書時也專門問過這個問題。他後來把胡平和我視為在文革最後期，就已經有了自由主義思想的青年人。我因為兩次抄家，有些原始材料都銷毀了，就跟他提了馬悲鳴。馬悲鳴是作家王小波的好朋友，他寫過一篇文章，回憶我的插隊時代，叫〈我的「插友」陳子明〉。他講，當我們（指他自己）都在講江青怎麼樣的時候，陳子明談論的是法的精神，是制度的問題。

問：是否可以說，在四五運動中，您的政治意識是比較超前的，但整個大的運動一開始卻不是如此？

陳：四五運動是個政治聯盟，其實是很寬的光譜。有些人直到四五運動前，對毛澤東還沒有徹底的批判性認識，要到四五運

動以後才開始有。當時確實有很多人反對四人幫，但是並沒有徹底反對毛澤東思想。就此而言，四五運動本身是一個非常大的推動。

在四五運動的現場，也有人出來演講或者貼小字報，直接就把矛頭指向毛，這不是完全沒有。我自己並沒有在天安門廣場做這種表述，也沒貼出去，沒喊出這種口號，雖然我早就徹底否定毛了。後來，在《北京之春》碰湊到一塊，大家談思想怎麼樣，情況就不同了。包括一些省部級幹部子弟，四五前後已經徹底否定了毛，甚至有人主張用武裝的方式推翻現政權。

思想或真理要在一種互相震動、共鳴中，才能獲得力量。當你有一個思想的時候，如果你沒有碰到同道中人，你自己都是不太信的。雖然你想到了一些東西，但是覺得身邊的人沒有人信，只有我自己信，那你也就不敢。當我在廣場上，碰到那麼多人的想法跟我很一致，或感到有默契，就會覺得我的思想並不孤立，就敢再往前走一步。我想，四五運動是起到了這種作用，很多人到了臨界點但還沒有突破，到了廣場上看到有這麼多同道，就覺得可以突破。

問：您怎麼看北京之春運動？

陳：在我文集（《陳子明文集》）的第四卷裡頭，對於北京之春或是說民主牆運動，有篇文章做了一些概括。我是覺得，還沒有脫離「無產階級民主」理論框架的人，在民主牆時代可能也占到半數以上。比如說，民主牆上最大塊的一篇文章是陳爾晉寫的，叫做〈論無產階級民主革命〉，其中提到無產階級兩黨制。

問：您把1980年代位於「體制邊緣」的民間潮流分成兩個組、五個派，一組是比較純粹的文化思想流派，包括中國文化書院和《文化：中國與世界》編委會。另一組跟現實政治有更緊密

的關聯，包括異化派、《走向未來》編委會，以及王軍濤、胡平和您這一派。您這一派的特色何在？

　　陳：就是憲政民主的要求更明確，比其他派要自覺。

二、改革已死

　　問：您在2007年提出「改革已死，憲政當立」。以我理解，「憲政當立」在2007年以前，就已經是不少人的想法了。但「改革已死」則不然。

　　陳：為什麼我說改革已死呢？一般意象的「改革」，我是沒異議的，這個詞兒永遠會在那裡的。我主要是指1980年代以來中國大陸的「改革」，也就是由鄧小平指導的，胡耀邦、趙紫陽輔佐的中國改革。這個改革呢，已死。

　　這個「改革」，在說它已死之前，先得說它曾經活過。在1970年代末到1980年代初，中國社科院辦了一個雜誌叫《未定稿》。這個雜誌的名字，很好地代表了1978年到1980-82年這段期間的改革狀態，就是一種未定型的狀態。我在〈從「改革」到「革政」：近三十年話語與思想史片論〉那篇文章中，強調鄧小平在1980年代前期一再講「改革也是一場革命」，這是什麼含意呢？鄧實際上是說，要用比較平穩的、有領導的、有秩序的方式，達成一個革命性的目標，這是他的一層意思。這一層意思非常好，也是我們作為改革的支持者，非常讚賞的一個意思。但是這句話還有另一層意思，鄧小平講改革是第二次革命，暗示要用第二次革命來延續第一次革命，這個意思就不好了。

　　問：第一次革命是指1949年？是要以改革來延續1949年的革命法統？

陳：就是1949啊！鄧的改革動作非常大，要達到的目標也很宏偉，這個我們很贊成。但是他用第二句話來表示他不願意否定第一次革命，他還想用改革的業績把第一次革命的基本框架穩定下來，這個我們是不贊成的，從一開始就不贊成。鄧既然講了兩句話，他的改革從一開始就具有兩面性，所以他曾獲得廣泛的支持。我們這種人是在第一層含意上支持的，就是希望他通過改革的方式，來實現一個革命的目標，就是憲政民主的目標。

最近我們好幾個人在搞一個文獻集，我選鄧小平的話，選的是他在1979年理論務虛會第一階段會議報告的講話。那個報告沒有發表過，但是李盛平編的《胡耀邦思想年譜》曾經引用。鄧在那段話裡頭，很清晰地說中國政治改革要以西方民主為標誌。

問：鄧小平在務虛會上提到政治改革，說要開始醞釀？

陳：這就開啟了改革的一個目標，那麼開啟了以後，當時《人民日報》都掌握在黨內務虛會派的手中，所以做了這部分大量的文章。在務虛會的第一階段會議，與會者紛紛放砲，雖然言論並沒有達到《北京之春》或者說魏京生的程度，但是嚴家其把鉛印版的《北京之春》拿到會議上散發。我們鉛印版的第一期印了一萬冊，嚴家其拿了好多本到會議上發，大家很有好評。鄧小平看到後，就問這個民刊怎麼印得這麼好，是誰給他們找的印刷廠，誰弄的紙。鄧這麼一問，第二期就被扣在印刷廠裡，出不來了。

我認為，當時「改革」尚未定型。鄧小平講過好話，胡耀邦也講過很多好話，但是鄧又不斷地講不好的話，比如說四項基本原則。在務虛會的第二階段，胡喬木給鄧小平起草的講話發表以後，大家就不說話了。當時鬥爭非常激烈，1978-79年、1980-81年，每年都在反覆。鄧力群、胡喬木、王震、陳雲不斷跟另一邊

門，所以老是反反覆覆，包括把魏京生給抓了。

問：你們跟魏京生的關係如何？

陳：我們這個團體是以四五運動的被捕者為主體。被捕者平反以後，有些被胡耀邦選為團中央委員、候補委員。從當時到現在，我們都是替魏京生說話的。到現在為止，我跟王軍濤都沒有批評過魏京生。但是徐文立有表達，王希哲也有表達。他們的意思是說，當時還有凡是派，可以借助鄧小平來反對凡是派，把改革的進程再往前推一推，這樣鄧就未必會講出四項基本原則。由於魏京生把矛頭轉向了鄧小平，結果鄧小平就講出了那些話。就是說，你不刺激鄧，鄧可能還不講四項原則，我們就可以把局面撐得更開一點。

問：「未定」階段何時結束？

陳：最晚到1982年憲法出來以前。但對於我們這批人來說，有個非常重要的時刻，就是1981年2月中央九號文件出來以後，在全國抓了一千多人，把民刊的人一網打盡。最後，也只有我們這批人倖存了下來，但是也只差一點而已。

我在1989年4月19日的一個座談會上講了一番話，那個座談會有三十多人參加，主持者對我進行言論控制，《世界經濟導報》刊發了幾乎所有人的發言，就是沒刊發我的發言。我發言一個意思是說，胡耀邦在1980年競選運動後期，說這是建國以來的第三次青年反黨運動，第一次是1957年的五一九運動，第二次是文化大革命，第三次就是競選運動。胡耀邦的話已經進了印刷廠，後來有些人勸胡耀邦不要這麼講，才又抽了回來。如果胡的講話發表的話，我們就是反黨分子了。當時陳雲和鄧小平都強調絕不讓三種人上台，這三種人指的是與文革有關的人，但後來他們又定義了新三種人，納入了搞民刊、搞競選的人。

問：回到「改革已死」的主題，您怎麼看1981-83年的政治緊縮？1981年封掉民辦刊物，1982年搞新憲法，1983年清除精神污染，等等。

陳：鄧小平是一刀一刀切，他本來有一個大家認為比較豐滿的形象，當然他後來反悔了，就一刀一刀把胖子削成瘦子了。他慢慢地削，有的是他自己削，有的是別人迫使他削。畢竟他還算是改革派，當時還有個還原派。鄧力群曾說，直到1980年鄧小平和陳雲都還合作得很好，但1980年以後，尤其是1984年，鄧跟陳就分手了。陳雲的力量也是很大的，薄一波、王震、胡喬木、鄧力群都是偏陳雲的。所以我說，在1980年代前期，「改革」是未定型的。

1980年代中後期，雖然鄧小平的底線已經很清楚了，但大家還是覺得，胡耀邦和趙紫陽仍有可能突破鄧小平的底線。這就讓我們這些在外頭的人，感到自己多少還有用武之地，至少可以做些事，而不是不能做事。而且，當時確實有很多新的東西在發展之中。

問：您當時的理念是政治改革跟經濟改革「並行」，還是政治改革「先行」？

陳：政改「先行」在競選運動中也有人提出過，胡平就曾經有此主張。王軍濤的競選文件有些是我參與起草的，我就沒有提到先行，我強調系統工程要並行。這裡頭，還要看到體制內的強大阻力。如果說政治改革必須先行，萬一先行不了，不就只好提革命了？

問：「改革已死」的分界點是1989年？

陳：我認為1980年代的中國改革，實際上在1989年就已經死了，這個死是鄧小平自己殺自己。1980年代的改革雖然有大家

參與，但還是可以把它定名為「鄧小平式的改革」，因為是他主導的。他主導的就是說他是腦袋，但他當時還有兩個胳膊和兩條腿。這個概念我以前沒說過，今天向你做一個表述。

可以說，胡耀邦趙紫陽是鄧的左膀右臂，這指的是兩股力量。一股力量是胡耀邦代表的中共黨內的馬克思主義的理論創新派，以胡耀邦為領袖，包括于光遠、胡績偉、王若水、蘇紹智等很多人，他們有相當的話語權。雖然他們在跟胡喬木、鄧力群的爭鬥中，有時你占上風有時我占上風，但的確是一支理論隊伍，一股理論力量。毛澤東和蔣介石不一樣，蔣介石是靠軍隊、特務，毛澤東就很看重理論，毛認為沒有理論這一手是不行的。這支理論力量一直到1980年代都是很有作用的，影響了《人民日報》兩報一刊該怎麼發言、怎麼定調。這支力量在1980年代已經走到了哪一步呢？比如說，在1979年的理論務虛會上，很多人講毛澤東思想違背了列寧主義，說要搞黨內民主制。到了1980年代中期，這支力量認為列寧主義都不必談了，只談異化論、馬克思主義人道主義等等。這是胡耀邦所代表的理論力量。

趙紫陽代表的是務實派的、有市場偏好的一支官僚隊伍。這支官僚隊伍的機構代表是體改委，既然叫體改委就是管改革的。體改委的人不是理論家而是官僚，鮑彤也當過體改委副主任。趙紫陽信任和扶植的主張經濟改革的官員，都很務實，我指的是杜潤生、馬洪這個年齡層，先不說陳一諮以下的人。為什麼說他們是務實官僚呢？鄧小平跟李慎之說過一段話，說這幾十年來追隨美國的國家都富了。哪怕是李先念這樣的人，去北美日本參觀訪問了以後，也發現鄧小平這句話是對的，就是說中國現代化必須走美國或四小龍的道路，走蘇聯道路是行不通的。這確實就是務實派官僚的想法，所以乾脆不提《資本論》，就看人家是怎麼搞

的，設法拿過來用。

　　鄧的左膀右臂，我指的是胡耀邦代表的理論力量，和趙紫陽代表的務實派官僚隊伍。在左膀右臂之下，還有兩條腿，很勤快、很有活力的兩條腿。一條腿是以農村組（中國農村問題研究組）為代表的青年政治家或思想家。農村組的出身也是一個民間團體，當然它先天有些特徵，比如說黨員多、知青多、幹部子弟多，鄧力群的兒子也在那兒。陳一諮是組長，何維凌副組長。這條腿跟體制內是掛勾的，但確實是一批新生力量，當時都是三十多歲，包括翁永曦、王岐山、黃江南、朱嘉明四君子，王小強、周其仁、楊冠三啊。這條腿很活躍，提出了農業改革的一些思路，後來變成了體改所，引進市場經濟。

　　問：您怎麼看農村組的貢獻？

　　陳：1978-1981年體制內外都參與了政治改革，但1982年新憲法出來以後，政治改革基本就沒戲了，因為鄧小平就是不願意對四項基本原則進行挑戰。在這種情況下，怎麼辦呢？農村組，為什麼要肯定它呢？因為它致力於解放農民這一塊。本來農民被人民公社束縛，變成半農奴的狀態，所以中國社會改革的第一步，理所當然要解放這些最貧困的、自由被剝奪得最厲害的一部分人。通過承包制，取消人民公社制度，包括放開副業、放開鄉村企業，就把農民的自發力量解放出來了。我認為，1980年代前期著力做這個工作是非常有意義的，而且一旦解放，農業生產力年年增長。

　　問：另一條腿是指什麼？

　　陳：還有另一條腿，就是我們這種體制外或體制邊緣的人，當時也積極活動。更廣泛來說，包括包遵信、金觀濤、甘陽、中國文化書院啊，都是非官方人員，但是跟體制沒有形成完全排

斥。雖然沒有被吸納至體制內，但是體制容忍這些人做思想性的探索，或做些其他方面的事情。

以1984年莫干山會議為標誌，趙紫陽這條胳膊和陳一諮這條青年人的腿，就結合起來了。以1988年中國首屆現代化討論會為標誌，我們這條體制邊緣的腿，跟胡耀邦下台以後于光遠、李銳、謝韜等力量結合起來了。所以我認為，鄧小平在1989年非動武不可。鄧在1978-80年的一放，已經把各種幽靈都釋放出來了。到了1980年代後期，體制外的力量、民間的力量、市場的力量，早已超出了他能夠掌控自如的地步。

問：鄧早就想處理了？1981-83年嚴厲地整了一次，1987年「反對資產階級自由化」，開除了王若水、劉賓雁。

陳：這兩次都很清晰，一個是清污，清除精神污染，這個很厲害，是十二屆二中全會提出來的。但是搞了28天，胡耀邦和趙紫陽聯手，說什麼領域不能搞等等，就過去了。胡耀邦下台以後，反自由化搞得很厲害，但是也有一個標誌性的事件，就是趙紫陽為反自由化降溫的五一三講話。五一三講話一下來，馬上就出現了（對反自由化的）反彈。1988年，金觀濤、方勵之都明確地講，社會主義是20世紀一場偉大的實踐和偉大的失敗。在1980年代早期，沒人公開這麼講，但1988年就說出來了。1989年4月也有一個標誌性的事件，就是曹思源的四通社會發展研究所和我們所（北京社會經濟科學研究所）的陳小平，發起了兩次修憲討論會。民間的政改力量已經走到否定一黨專政，要求通過修憲建立議會制的地步。

問：您認為鄧小平肯定要鎮壓1989年學潮？鄧不退，學生也無法勸退？

陳：現在就連陳希同都說流血、坦克、鎮壓是沒必要的。當

時呢，很多人都看不出最後會鎮壓，所以學生們膽子也就大，甚至還有些玩的性格，真沒想到會碰到坦克。趙紫陽試圖在民主與法治的軌道上解決問題，當然他不認為需要坦克上街。陳希同作為鎮壓者的一方，現在也說沒這個必要。那麼，鄧小平又為什麼要鎮壓？我認為，鄧是要自己扼殺他在1980年代初期釋放出的改革，因為這個改革已經走到了他控制不了的地步。

　　鄧在1986年底有個講話，說不要怕動用軍隊。跟1989年不一樣，1986年那次學運是很分散的，沒有形成學生團體，只是反映出一種心態，就是大家認為應該搞政治改革。而且，官方當時也在講政治體制改革啊，說要表現在選舉上。但是鄧小平不但不同意，還說一定要鎮壓下去，可以用軍隊，可以用武器。結果沒用上軍隊，就把那次學運壓下去了。

　　1989年政府能不能與學生達成妥協？我覺得曾經出現機會，但是錯過了。1989年5月10日，趙紫陽在政治局會議上表示要滿足學生的一些要求，特別是擴大新聞自由的要求，此後胡啟立等人就開始去落實。也是在同一天，學生對話團團長項小吉來向我諮詢，我的意見是：這次學運要把爭取新聞自由放在第一位，結社自由即承認高自聯不是這次必須實現的目標；只要官方同意學生會自由選舉，學運領袖就可以掌握學生會的領導權。項小吉同意我的意見。這時，朝野雙方的溫和派已經取得了一些共識。但是李鵬所代表的強硬派出來搞破壞，他本人在政治局會上反對趙紫陽的意見，不同意把趙紫陽的會上意見公開見諸報端；李鵬手下的人又在北京高校黨委書記會議上散布要「秋後算帳」，刺激學生的對抗情緒進一步升級。之後出現了絕食，李鵬破壞朝野對話的目的就達到了。

三、建設性的政治反對派

　　問：您在1994年保外就醫期間，提出了「中國政治反對派」、「理性、負責任的建設性反對派」概念。您還特別闡發了「民主運動要立足主流社會」的論點。陳子華在〈我所知道的「社經所」〉（附錄於《陳子明文集》第十二卷）中，曾對您的政治反對派理念做出概括，其中有段話是這麼說的：「當前，政治反對派可以做以下五個方面的事情：政治對話、時政批評、立法倡議、歷史撰述和籌備參選。反對派要積極主動地提出每一個時期國家發展的重大議題，通過各種正式與非正式的管道，展開嚴肅認真的政治對話。反對派人士要根據每一個人的興趣與專長，自然而然地產生出自己在政治、經濟、社會、文化、理論各個領域的發言人，對政府和執政黨的各項政策以及現行體制的各個方面進行評論，公正地肯定其進步和成績，不留情面地抨擊其弊端和劣績。反對派應著手擬定自己的外交政策、國防政策、經濟政策、國土開發和環境政策、教育政策、科技政策、民族政策、宗教政策、港台政策，等等。反對派還應當幫助成立一個『學校教科書編輯委員會』，研究設計能夠取代普通教育與高等教育基礎課中人文學科現行教材的新體系和新教材。反對派人士要在中國的法制建設中發揮自己的獨特作用，通過各種方式提出立法動議，擬定法律草案。反對派人士要珍惜自己的政治傳統，積極撰寫自己的歷史和當代中國社會的歷史。反對派要對改革人民代表大會制度和修改選舉法提出自己的意見，並制定近期和中遠期的競選綱領和競選策略。」

　　這應該就是「建設性的政治反對派」的具體所指？

　　陳：這確實就是我的思路。陳子華的概括是根據我在1994年

第一次保外就醫時寫的兩篇文章：〈中國的民主：從說到做〉和
〈1995年的中國政治反對派〉（載《陳子明文集》第四卷）。

　　問：您2002年出獄，2006年恢復政治權利後，不帶頭從事
公開活動了。現在您是個體戶？

　　陳：我現在沒有去挑頭做什麼事，雖然也有人希望我做。我
剛出獄時，劉曉波希望我挑頭做，但是我說你做的已經挺好了，
就不一定非得我來幹。

　　是這樣，我覺得在中國憲政民主運動的陣營中，應該要有多
種可能性的備案。至於最後是誰出來，都是可以的。如果將來是
台灣式的轉型，就需要一種跟體制內有對話能力的、也有信譽的
人，否則憑什麼跟你對話？這個並不是你的問題，而是別人的問
題。

　　我不會提很激烈的要求，但卻是很堅定的人。只要是我提出
來的事情，是不達目的不罷休的。我希望能持續保持這樣一個影
響，就是說，搞政治的人是需要有信譽的，不能今天這麼說、明
天那麼說，讓人家都不知道你的意思何在。我陳子明就是三條：
第一條，我是一個中國人，一個維護中華民族整體利益的人；第
二條，我是一個堅定不移的自由民主主義者；第三條，我是建設
性的政治反對派，我跟共產黨的基本理念不一致，但我是可以對
話的反對派。從1980年代、1990年代到現在，我的政治定位一
直是這樣。

　　問：您說「民主運動要立足主流社會」，這個提法似乎假設
了一種非革命的民主過渡，就是一種比較漸進的模式，在過程中
逐漸培育出中國憲政民主的思想力量、社會力量和政治力量，在
所謂的「公民社會」持續擴大陣地。

　　陳：我主張走一條立足於公民社會的憲政民主道路，這可以

說在1980年代中期就確定了。當時，我對自己團體的性質有過描述。我在接受《新聞週刊》記者白凱柔採訪時表示：我們願成為促進中國知識分子分流（即不要擠在進體制當官的獨木橋上）和追求獨立性的先行者。我們的基本目標是：扎根民間，推動中國公民社會的形成與發展，進而推動政治體制的變革。

我出獄後這幾年，一些朋友凡是做了樂觀估計的，說三年變化、五年變化的，到目前為止都是破產的，而且也都是被打壓得比較厲害的。所以我是不會輕易說具體年頭。但是我又有一個看法：中國的變化是加速度的，不是均速的，而且愈接近臨界點，變化的速度就愈快。由於是加速度的變化，所以看不清楚，好像暫時不會變，但是也可能很快就變了。

問：您在最近一篇文章中，重新闡釋梁啟超和章太炎的「革政」思想，說當前所謂的中國模式正在催化政治革命，而為了避免革命的代價，就需要「以革政挽革命」。您提出的「革政」思路，是否暗示修憲或立新憲？.

陳：現在已經不得不對憲法動手腳了。1982年的新憲法是主流文明以外的一部怪異憲法，這憲法本身不具有憲法的性質，它對於人民和政府的關係，政府各部門的關係，中央和地方的關係，都沒有明晰的界定。我認為，州（地級市）這一級在中國發揮很大的作用，但是憲法上沒有地級市。按憲法，中國現在只有省市自治區，下面就是縣，然後就是鄉鎮。但比如說蘇州，從財政來看，蘇州市根本比青海和寧夏大很多，如今不可能再否定掉這個層級。財源都是往市集中，從縣往上提，從省往下放，重點都放在市。市這一級再不承認，是不可能的。

我們當然要講憲政的人權、限權、分權，但是也要講國家建設的具體面、具體構想。這些年來，我兩方面的問題都在討論，

包括一本50多萬字探討地方自治和地方行政的專著（收於《陳子明文集》第七卷）。北京大學出版社曾想出這本書，我也準備用別的名字出，但是中宣部告訴他們這是陳子明寫的，他們也就沒敢出了。但是一章一章的，都在雜誌上出了，很多人引用。

問：您怎麼看當前的社會公正問題？

陳：1997年秦暉的《天平集》出了以後，我寫過一篇書評，我認為憲政民主派有必要強調社會公正，不要讓這個旗幟被毛派給搶過去。我主張憲政左派和憲政右派形成聯合陣線，主要也是針對這個問題。在憲政民主派當中，必定有些人更關注公正問題，有些人更關注自由議題，現在強求一致是沒必要的。如果說政治局面發生變化，可以組黨競選了，那麼，在形成競選聯盟的時候，就需要有更清晰的旗幟和口號。現在大陸還沒走到那一步，還沒有面臨選舉的問題。目前，憲政民主派涉及的話題多一點，涉及的面廣一點，整個陣地就更寬闊一點。

問：您所謂的憲政左派跟憲政右派，以我理解，指的應該是在社會公正與經濟公正問題上，有些人偏中左，有的偏中右，彼此之間總會有些差異，但都共同接受憲政的基本價值，包括法治、基本自由及其他憲政權利。可是，雖然您曾把部分新左派也列為憲政左派，他們卻不見得接受憲政民主。

陳：這裡頭有個演變過程。我自己後來寫文章也說過，2008年的世界經濟危機對於「新左派」的定型，產生了很大的影響。他們2008年以後的東西，幾乎完全是國家主義，沒有任何左派的味，只能叫新右派，不能叫新左派。世界經濟危機給了他們一些動力，讓他們相信國家主義的路子是對的。

秦暉在一篇書評裡說過，說我是有一些政治考慮的，所以比較強調聯合的可能性。我不否認這一點。.

問：在更年輕的大陸自由派圈子中，左右聯合的提法似乎不太有吸引力。

陳：這些自由派應該說是學理派的，不太有政治考慮，也不去思考聯合陣線的可能性。他們還是覺得，凡是理論上跟我不一致的，我就應該抨擊他。

問：「憲政當立」的主張，在您的設想中，該如何兌現？

陳：「憲政當立」有很大的支持度，這樣的呼喚已有十年以上的歷史了。趙紫陽晚年談憲政和議會民主制，談反對派的必要性，說反對派政黨的存在是中國將來不出現國家分裂的一個要件。這些問題，趙晚年都認識到了，而且也有所表述。李源潮和李克強當省委書記時，也曾經談過憲政。現在黨和國家的領導層，接受憲政觀念並不難，只是要在壓力下才可能朝這個方向前進。這些年來，體制外的民運人士也好，異議分子也好，維權人士也好，對於「希望在民間」已經是很清晰了。就是說，即使體制內會有變化，它也是一種反饋。如果體制外的民間力量不夠大，達不到某個程度，也不可能希望體制內會走在你的前頭，主動去提出什麼平反六四、修憲、開放競選啊。

問：您所謂的修憲，是指朝向憲政民主邁出一大步的階段性修憲嗎？在2013年11月的三中全會之後，您怎麼看「革政」（憲政民主變革）的前景？憲政當立，但是在當前時局下，該如何努力？我想這是海內外和兩岸很多人的困惑。

陳：「革命」一詞現在被濫用了，從技術革命到暴力革命，意思已經很不一樣。我講「革政」是要突出「政體革新」這個意思，就是要打破現行政體（極權也好，後極權也好，威權也好），實現建立憲政民主新政體的目標。「革政」不排斥任何手段，從明治維新式的到辛亥革命式的，到台灣民主轉型式的，到

東歐「天鵝絨革命」式的。

2013 年 11 月的三中全會前後，我發表了許多評論文章，對之持否定態度。中共新領導人的毛式話語（群眾路線等），關於六十年一貫制的話語，是拾了 1990 年代新左派轉變成的 21 世紀新國家主義派的牙慧，是對 1980 年代的時代精神的一種背叛。所謂「名不正則言不順，言不順則事不成」。有人說，說一套做一套才是有智慧的政治家，但我認為這是文人一廂情願的捧臭腳。反對普世價值的政治家，只會成為中國的希特勒。薄熙來就是前車之鑑。

中國民間社會現在應該要強調獨立性。當執政者沒有表現出「革政」意願時，必須對之持堅決反對和嚴厲批判的態度，同時積極發展自身的實力，聯合、擴大反對派陣營的社會層面。

修憲與立憲，這兩種可能性都是存在的。關鍵在於社會力量的對比。

問：在中國大陸，部分年輕的自由派（或反對派）對體制內政改已不抱期盼，轉而寄希望於畢其功於一役的民主革命。有些青年激進派聲稱自己才是真正的政治反對派，說要告別公民社會，這跟您的反對派理念似乎漸行漸遠？您如何理解近來的這些發展和爭議？

陳：由於中國官方日益保守化，一部分自由民主派的激進化就是一個必然的回應。憲政陣營有一個從偏左到偏右，從激進到溫和的廣泛光譜，我認為這個光譜愈寬愈好。只要激進派不把溫和的憲政派當做主要敵人（這是一種列寧主義的做派，列寧把社會民主黨的中左派考茨基視為最危險的敵人），我對他們的奉獻和犧牲表示敬佩。

建設性政治反對派不是四平八穩的意思，政治反對派首先是

反極權、反專制、反法西斯化。當執政者沒有對話意願時，反對派整天喊對話是沒有用的，你要用實力來迫使執政者對話。當執政者被迫對話時，你要有接招的能力，這就需要你有治理國家的對案，否者就會出現俄羅斯的情況，轉型後的政權落到前克格勃（KGB）集團的手裡。

「告別公民社會」這個說法是錯誤的。王紹光、胡鞍鋼反對公民社會，中宣部、國安部與政法委反對公民社會，你為什麼要和他們站在一起反對公民社會？公民社會的發展壯大，是政治反對派發展壯大的前提條件。不能說長期處於社會邊緣的人才是真正的、純粹的政治反對派，只有當更廣泛的社會階層（從農村上訪者、城市維權者、民間宗教組織到律師、記者、學者、民營企業家……）紛紛成為政治反對派，你才能撼動現行體制。

問：台灣在中國大陸的政治轉型過程中，能起到任何積極正面的作用嗎？這篇訪談主要是就大陸談大陸，幾乎一路都沒有提及台灣。在訪談結束前，能否請您也對本刊的台灣讀者說幾句話？關切大陸政治轉型的台灣讀者不在少數，但普遍有一種自顧不暇的無力感。

陳：台灣在中國大陸的政治轉型過程中，已經發揮了積極正面的作用，將來會有發揮更大作用的空間。

首先，台灣起到了榜樣的作用。台灣的經濟騰飛，是鄧小平經濟改革的借鑑對象之一。台灣的民主轉型，給予大陸政治反對派許多寶貴的啟迪。應當說，由於大陸當局的出版封鎖，大陸民眾對於台灣民主轉型的經驗教訓還十分缺乏了解。

其次，台灣起到了援助者的作用。六四以後，台灣朝野始終在精神上支持大陸的民主運動，對於大陸流亡者也給予了一些實質性的幫助。

　　還有一點，台灣可以成為大陸政治轉型的直接當事人，今後越來越多地扮演對話者的作用。中共從來都只跟有實力的人對話，而台灣是有實力的——既是國際民主大家庭的一員，也與大陸憲政民主派心心相印。台灣不要小看了自己。台灣自保的最好辦法，就是提出「民主統一」，迫使中共放棄專政，制定符合普世價值的新憲法，或者回歸中共曾經參與制定的民國憲法。台灣只要堅持自由民主的理念，在基本政治原則上不妥協，甚至採取更進取性的姿態，就可以在大陸政治轉型中起到關鍵性的推動作用。

公民運動與中國轉型

笑蜀訪談

笑蜀

中國大陸著名評論家，本名陳敏。1962年生於四川省儀隴縣，1984年畢業於廣州中山大學歷史系，曾任教於武漢醫學院，教授中共黨史。1999年出版《歷史的先聲》和《劉文彩真相》，轟動一時。《歷史的先聲》「用我黨的文獻攻擊我黨」，收錄1940年代中共機關報刊具代表性的反國民黨論說，彼時中共高舉民主、憲政、自由、人權等普世價值，強調中共才能實現此類普世價值。兩書旋即遭查禁，笑蜀因言失職後，2002年進入媒體。2005年起任《南方周末》評論員，主持社評欄目，長期關注維權運動，批評維穩體制。2011年被當局逐出《南方周末》，此後多次遊學港台和美國。近年來致力於闡發「新公民運動」理念，主張從現實中的具體議題切入，以「組織化維權」為現階段目標，聚合、壯大新興的社會行動力。以此為本，倒逼體制內的分化，匯聚體制內外力量，以促中國未竟的憲政轉型。

一、早期經歷

笑蜀：我是1962年生於四川儀隴。父母都是鄉村教師。當時鄉村教師分兩種，一種公辦，一種民辦。我父母都是公辦，在儀隴的邊遠山村教書。我們縣以前是紅四方面軍的根據地，即所謂「老區」，現在仍很窮，仍是國家級貧困縣。像吉普賽部落一樣，我父母不斷遷徙，這個村子教兩年，那個村子教兩年，我也跟著流浪，至少住過三個村莊。從小跟農村的孩子一起玩大。

陳宜中（以下簡稱「陳」）：從反右到文革，您家裡受到哪些影響？

笑蜀：我父母都是地主子女，文革中受批鬥。我到入學年齡，隔壁的民辦老師招生不肯收我，就因為我的家庭出身。

陳：您父母都是老師，也教您嗎？

笑蜀：哪顧得上？我爸遠在外鄉，又一直挨批。媽媽一個人帶我們五個孩子，還要一個人教複式班（按：不同年級合組而成一個班）的所有課程，根本忙不過來。我打小就是野蠻生長。文革期間無書可讀，我只好讀報紙雜誌。我父親每週或半個月回家一次，帶的禮品都是《解放軍文藝》一類的讀物，我拿到就高興得不得了。

所以我的政治啟蒙滿早。最早印象是1971年9月林彪案發生，當時是逐級傳達，從中央傳達到鄉村小學，已經是10月了。當時鄉小（按：村小的上級是鄉小）叫我媽媽去開會，但沒事先告知主題。媽媽剛好生病，就叫我去。我把會議內容回家複述給媽媽聽，說林彪叛逃摔死在溫都爾汗，媽媽嚇壞了，一巴掌打過來，以為我亂說。那時起我就慢慢對政治有了關心。

陳：您1980年去廣州中山大學讀歷史，歷史系是您的第一志

願嗎？

笑蜀：當時我考分不低，心高氣傲，第一志願就填了北大，中大是第二志願。歷史系也是第二志願。我從小就想當作家，專業第一志願是中文系。結果取的都是第二志願，即中山大學歷史系。

陳：能否談談您的大學時代？

笑蜀：我剛進大學時，西單民主牆運動和以全國高校為中心的民刊運動，已接近尾聲。很多高校都有自己辦的民間刊物，有些是文學性的，也有很多政論性的。中山大學的刊物《紅豆》我看過好幾期，是學生寫學生編，還可以拿到市區去賣，那時比較自由。我體驗到思想解放最後的一股春風，也算是一種薰陶吧。但我進校不久就開始查禁了，我曾經在學校食堂的牆上看到禁止民刊的官方通告。

那時我是文學青年，對讀歷史系是不滿意的。只喜歡文學，中國文學、西方文學都讀，尤其是讀詩。到了大三，當局要清除精神污染。清污重點是圍剿白樺的電影《苦戀》（又名《太陽與人》），但這部電影恰恰引起我的共鳴。清污讓我非常憤怒，我曾氣得在《解放軍報》批《苦戀》的文章上到處畫叉叉。我不再滿足於文學，從大三開始讀了很多社會政治類的書籍，尤其是蘇聯和東歐持不同政見者的讀物。到了大四，因為想分到好一點的工作，我下了一番工夫寫畢業論文，題目是陳炯明與孫中山的關係，後來發表在中國社科院《近代史研究》的特輯「近代中國人物」上。應屆畢業生能在權威學術刊物上發論文，對我是個極大的鼓勵。從此我轉向史學，走上了研究中國現代史的道路。

陳：畢業後您被分配到武漢醫學院，教什麼專業？

笑蜀：我去了武漢醫學院馬列課部（後來改名社會科學

部），教中共黨史。我教的黨史是完全反著來的，跟官方說法針鋒相對。但1980年代思想很解放，寬容度較高。再加上我名校畢業，又有論文在權威刊物發表，1987年還和大學指導教授合作出版了專書。這在那時不多見，所以我多少有些恃才傲物，講課隨心所欲。這種狀況持續到1989年。

陳：六四之後呢？

笑蜀：學潮之前，我身邊已經聚集了一批思想開放的活躍學生，價值理念相當接近。後來他們成了學潮骨幹，我也跟他們一起上街、貼大字報。這在其他文科學校很平常，但在武漢醫學院這種工農兵當道的學校，像我這樣的老師就很少有。六四後學校搞雙清（清理、清查），全校只有兩個靶子，一個是黨員，一個非黨員就是我。1989年成了我的轉折點，一下子摔下來，幾乎掉進十八層地獄。

陳：清理跟清查有何不同？

笑蜀：清理黨員，清查黨外。校方對我內查外調，費時一年，還把我的學生找來揭發我，結果除了大字報和上街，沒別的東西。但總之是不讓我上課了，把我調去資料室當資料員。我那時很倔、很傲，不服從安排，不去資料室上班，就在家帶孩子。每個月只領很低的起薪，生活非常艱苦。

課部主任看不過去，他有愛才之心，想用我。但用我要有理由啊。1990年全國反和平演變，中宣部跟教育部聯合，擬了大概幾百個反自由化的課題，向全國高校的政治課老師招標。凡是願意投標的，願意衝鋒陷陣反自由化的，文章優先發表，職稱、工資、獎金都破格，助教提講師，講師提副教授，副教授提教授。課部主任跟我說：「這是你將功補罪的機會，你領幾個課題回去寫兩篇文章，我來給你安排發表，我就可以給上面交代，說這個

同志改邪歸正了。這樣你就可以上課了，職稱、工資所有問題都可以一攬子解決。」但我一看到那些課題，心頭就升起一股火，極其憤怒。

為什麼憤怒？我是教中共黨史的。我一看就知道，那幾百個課題好多都是在批判中共自己當初的主張。說話不算話，翻臉不認人，太過分了。

二、歷史的先聲

陳：您後來編的《歷史的先聲》流傳很廣。如果沒有這本書，人們大概不會注意到中共當年反國民黨的說詞，一再訴諸普世標準的民主、自由、人權。

笑蜀：當時不像現在，現在有不同看法，可以寫成文章，網上總有發表空間。當時沒地方發，只能憋肚子裡，憋得很難受，怎麼辦呢？我就有了編《歷史的先聲》的腹案，就是要跟「反和平演變」對著幹。

我就開始泡圖書館，翻舊報紙。舊報紙不能複印，只能鋼筆抄。這個過程跟挖金子、挖礦差不多，找到一篇文章就好像發現一顆礦石，可以興奮半天，就這樣花了一年多的時間。

陳：您挖掘的是哪個時期的中共言論？出處有哪些？

笑蜀：主要是1940-46年全面內戰爆發前中共機關報的言論。以《新華日報》為主，包括《解放日報》。比率大概是《新華日報》占70%，《解放日報》占20%，還有10%來自毛選、鄧選、周恩來選集、劉少奇選集等公開出版物。選擇的標準是最能代表中共中央的，也就是中國共產黨當時最權威的聲音。

這個聲音是什麼呢？實際上就是中共作為反對黨，向全國人

民許下的政治承諾，即如果中共全國執政，將會如何施政？施政
主題就是民主、自由、人權，並以此為據，全面批判國民黨如何
反自由、反民主、反人權。這就是《歷史的先聲》的主要內容。
最初的書名叫「為自由鳴炮」。

　陳：「為自由鳴炮」有典故嗎？

　笑蜀：這來源於1980年代武漢的一份前沿刊物《青年論
壇》，其中一篇文章就叫〈為自由鳴炮〉，是胡耀邦兒子胡德平寫
的，我印象很深。

　書在1992-93年編完，好多年找不到出版社。最後因為吳
思、梁曉燕、徐曉、甘琦等人的幫助，曲曲折折，終於在1999年
9月以獻禮「建國五十週年」的名義，由汕頭大學出版社出版。
新書名是上海學者朱學勤取的。

　陳：很快就被查禁了？

　笑蜀：不到半年就被禁了。2000年2月，中宣部部長在例行
的全國出版工作吹風會上，舉著《歷史的先聲》說：這本書別有
用心，用我黨的文獻攻擊我黨，代表同我黨鬥爭的新方式。隨後
下達全國禁書令。汕頭大學出版社後來被整頓，總編輯、社長都
被調職。在北京，則是派國安去萬聖書園反覆查抄這書。

　陳：何以查禁之後，此書反而不斷流傳？

　笑蜀：事前我已料到會被查禁。所以，我提前在當時影響最
大的時政BBS，即《人民日報》強國論壇，把內容都上傳了。
2000年封殺時，大多數文章都已經在網上傳閱，愈封殺就愈流行。

　陳：您1990年代還寫了另一本書《劉文彩真相》。劉文彩的
重要性何在？

　笑蜀：劉文彩是四川大邑縣的一個大地主，被中共定性為三
千年地主階級的總代表。中共用他來論證所謂土地革命、新民主

主義革命的合法性，證明三千年地主階級的所謂罪惡，說地主階級怎麼壞，看劉文彩就知道了，所以農民應該跟著共產黨造反，等等。

　　我個人一直懷疑這案子是假的，但沒有直接的證據。直到1993年，有人告訴我，大邑地主莊園陳列館有很多當年的檔案。我是做歷史學的嘛，一聽興趣就來了。那個陳列館最早叫階級鬥爭展覽館。1958年毛澤東有個著名講話，即「階級鬥爭年年講、月月講、天天講」，四川省委書記李井泉會後回到四川，第一時間就抓了劉文彩這個典型，搞了這個展覽館，來拍毛澤東的馬屁。1960年代尤其文革期間，全中國知名度最高的就兩個人，一個是毛澤東，他是神；一個是劉文彩，他是鬼。鬼的存在是為了論證神的偉大。

　　得知陳列館有很多檔案後，我就決定去那裡做研究。

　　陳：劉文彩1949年就死了，何以1964年之後才變成眾矢之的？這跟新民主主義的關係何在？

　　笑蜀：劉文彩1949年10月就去世了，當時解放軍還沒進成都。他在1960年代變成一個靶子，是為了服務於毛澤東的核心理念，即階級鬥爭為綱、無產階級專政下繼續革命。文革之後，很多其他案子都平反了，這個案子就是不能平反，為什麼？既然已經把劉文彩說成三千年地主階級總代表，一旦平反劉文彩，就等於否定了三千年地主階級的所謂罪惡。正因為如此，《劉文彩真相》很快也享受了《歷史的先聲》的待遇，全國查禁。跟上次一樣，這次也是中宣部部長在出版工作吹風會上，舉著《劉文彩真相》跟與會者說：你們有沒有人認為新民主主義搞錯了？他說，這本書的要害，就是否定新民主主義革命的合法性。

　　陳：這書的主要內容是什麼？

笑蜀：我在劉文彩莊園住了將近一個月，啥都不幹，就是看檔。重要檔案盡量複製、謄寫，隨後就在劉文彩的家鄉大邑縣安仁鎮，採訪當地人，包括劉文彩當年的隨從、醫生、教師、長工等等。在檔案研究和田野調查的基礎上，我回去寫出了《劉文彩真相》，以還原他的故事，揭示宣傳部門的整個造假流程。1999年11月陝西師大出版社出版，2000年春遭全國查禁。

陳：您離開武漢醫學院跟這有關係嗎？

笑蜀：當然。六四之後我被停課七年，直到1996年恢復上課，待遇也慢慢恢復了，職稱也評了。但這兩本書一出版，我又變成黑名單上的人，學校就扛不住了。2001年底我不得不辦了離職手續，去北京的《中國改革》雜誌上班，半路出家進了媒體。

我一進北京，就被北京國保盯上。接下來的三年當中，國保國安騷擾不斷。當時互聯網開始繁榮，我在網上比較活躍，再加上北京是個大圈子，跟敏感人士的接觸也令我更被敏感。雜誌社受到壓力，也扛不住了。2005年2月趙紫陽去世後，我因在觀天茶舍發表悼念文章，被國保鎖定。趙紫陽追悼會前夜，我被他們軟禁了五天五夜。五天之後，國保把我押上回武漢的火車，不許我再回北京，我就沒法到《中國改革》雜誌上班了。

《南方周末》的朋友同情我，悄悄給我辦入職手續。2005年5月我重回廣州，到《南方周末》上班，這是我的另一個轉折點。我在《南方周末》做評論員將近六年，直到2011年3月被迫離開。

三、維權與維穩

笑蜀：入職《南方周末》是我真正告別書齋，介入中國現實尤其介入維權運動的一個起點。維權運動從2003年孫志剛事件開

始發端，但真正進入高潮是在我踏進《南方周末》的前後。那時許志永在北京組建了「公盟」即「公民聯盟」，目的就是維權。同時還有山東臨沂的陳光誠事件、廣州番禺的太石村事件。維權運動的三大標誌性事件都集中在2005年，這年簡直就是維權運動的元年。

　　維權運動的興起有個社會背景，就是中國的社會矛盾到了高發期。從2005年開始，每年都有超過10萬起的群體性事件。

　　陳：最後一次公布的數字是18萬起？

　　笑蜀：這幾年乾脆就不公布了，說明局勢更不樂觀。

　　社會利益結構的全面失衡跟中國經濟的高速增長是同步的。鄧小平南巡之後，開啟了中國的市場化進程。市場化的頭幾年，應該說是蜜月時代，全民都多少享受到市場化的紅利。1992-93年，是知識分子下海的高峰期，國企幹部乃至很多黨政幹部也競相下海，他們多數都發了財。當時的社會矛盾比較少，一直延續到1999年中國加入WTO，有將近十年的緩和期。

　　陳：但1990年代末，國企工人大量下崗，還出現所謂的三農問題。

　　笑蜀：這樣說吧，在全民共享市場化紅利的頭幾年，社會矛盾少。在這個前提下，朱鎔基把市場化改革集中到兩個方向：一個是融入全球化進程，加入世貿組織；另一個是國企改革。國企改革導致幾千萬工人下崗，當然是個矛盾，但剛剛說的市場化紅利太厚實了，相當程度緩解了下崗問題。幾千萬國企工人下崗放在今天不可想像，但當時沒大事，沒引起大的社會動盪，因為市場化提供了大量的就業空間，把這幾千萬工人多數都消化了。

　　世紀之交的三農問題，源頭是分稅制，這涉及到中央和地方的關係。按照那個財稅結構，愈是下級政府，公共財政的分配愈

少。當時土地財政還沒起來，鄉鎮一級政府主要靠搜刮農民來創收，搭著農業稅的便車向農民收費。農業稅是國家收的，實際只占農民負擔的30%不到；另外70%是鄉鎮政府搭便車的攤派，不攤派它們就沒法生存。大概是那麼一個情況。農民當然怨聲載道。但2003年胡溫免除農業稅以後，這問題基本解決了，或至少大幅緩解了。

陳：在市場化的前十年，政權跟知識分子的關係又如何？

笑蜀：2002-03年以前，政權跟知識分子的關係也比較緩和。因為經濟高速發展，有的是紅利，可以用來收編知識分子，尤其是體制內的高校知識分子。一直到2002年前後，連許志永、滕彪、陳光誠這幾位維權先驅，也都得過獎，都上過中央電視台，這在今天不可想像。他們選擇在維權的路上走，一開始多少也是因為他們相信有空間。胡溫剛上任時，表現出勵精圖治的姿態，包括讓政治局學習憲法，給了自由派知識分子一些希望。但胡溫頂不住黨內壓力，很快就有了學古巴、學朝鮮的表態。

陳：到了2005年，對體制內政治改革的期盼已經大致落空了？

笑蜀：最明顯的轉折是青島會議。青島會議是曹思源主辦的，參與者包括朱厚澤、吳敬璉、茅于軾，聚集自由派大老討論憲法問題。這個會議馬上被打成敵對勢力策劃的顛覆活動，形勢急轉直下，政權跟自由派知識分子的關係愈發對立。於是，維權運動開始拐彎，逐漸走到了政權的對立面。政權把維權當成假想敵，誰如果堅持繼續維權，就等於跟政權唱反調。我正是在這個時候進入《南方周末》。

陳：您在《南方周末》寫評論和社評，跟維權運動的連結何在？

　　笑蜀：《南方周末》是民間第一大報，維權是它的關注範疇之一。本來我去之前《南方周末》並沒有固定的社評欄目。但因為現實問題提供了大量豐富的題材，而單純的報導又無法滿足讀者的需求，評論界的黃金時代就隨著維權時代到來了。在這之前，《南方周末》最受歡迎的題材是調查性報導。但2002年張君案報導和2003年孫志剛事件報導遭到重挫，調查性報導變得敏感而且越來越受壓制。調查性報導漸漸沉寂之後，評論就成了中國市場化媒體最受歡迎的欄目。

　　我剛好躬逢其盛。《南方周末》的評論先擴張成兩個版，後擴張到四個版。除了擴版，社評欄目也固定了下來。我的主要任務就是編社評、寫社評（叫「方舟評論」），主要針對現實中的公共問題。

　　陳：可否再回到「維權時代」的政經社會背景？

　　笑蜀：我剛剛講1990年代是和緩期，儘管也有矛盾衝突。為什麼在2002-03年之後，中國進入了社會矛盾衝突的高發期，而且愈演愈烈？我認為背後的決定性因素是社會利益結構的改變。

　　自1999年中國加入世貿組織後，就開始強化一種嶄新的權力和利益結構，簡單說就是寡頭利益結構。這個利益結構當然不是突然出現的，但它在江朱早期比較低調、收斂。在江後期逐漸得到鞏固，到胡溫上台以後，變得不可收拾。核心家族控制一切，完全放開了手腳，真正把中國變成了他們分肥的大蛋糕。各重要產業的上游像能源、金融諸如此類，都被他們壟斷。他們往往把國企尤其央企當成他們的白手套，這些國企尤其央企都是被他們圈占的，本質上都是私有的，是他們洗錢的槓桿。所謂「國進民退」，背後充滿了這種貓膩。愈是利潤空間大的產業，愈是被寡頭集團壟斷。整個中國進入了寡頭資本主義的狂歡期。

陳：「國進民退」這個詞最早出現在2008年？

笑蜀：這詞早就有了，但2008年以後才流行。這年遇到金融風暴，就有了四萬億，實際上四萬億都是分給大家族的，分給被他們圈占的國企尤其央企。

陳：「國進民退」肥了國企尤其央企。但在「國進」的表象下，蛋糕大都被寡頭分食，這是您的意思嗎？

笑蜀：當然。華能公司名義上是央企，但實際上是家族控制的，這是最經典的例子。他們把中國的江河湖海幾乎全霸占了，尤其西南地區，梯級水電站都修到了西藏高原。幾乎每一滴地表水都裝進了他們的管道，為他們發電賺錢，導致原有地表乾枯，生態急遽惡化。太子黨控制金融更是時尚，國家開發銀行就一度由陳雲兒子陳元控制。薄熙來在重慶，為什麼市政建設那麼漂亮？因為他有錢啊，錢從哪來？薄熙來跟溫家寶關係很緊張，很難從國務院拿到錢，就通過大家族之間的交易，從陳元控制的國開行弄來很多億。這些都是寡頭控制國家經濟命脈的實例。寡頭控制各大產業的上游，把民營企業的命根子都掐住了，民企就只能從事各大產業的下游，而下游附加值最低，實際上都血汗化了，都是給上游的寡頭打工。我把這種寡頭主宰的所謂市場化，叫做「下半身的市場化」。

陳：在寡頭資本主義的格局下，還產生了哪些社會矛盾？

笑蜀：這個話題談不完。但比方說，民營企業被擠壓到最低谷，國企尤其央企的就業容量又很小，這就導致大學畢業生的就業難。同時又高校擴招，應屆大學畢業生越來越多。尤其二本三本的大學畢業生，往往畢業即失業，相當比例變成了蟻族。再比方說，進城農民工的二代三代，既不願意回家鄉種田，在城市也找不到自己的歸屬，又不願像父輩那樣吃苦耐勞、接受低工資高

強度的勞動，於是多數變成遊戲廳裡的浪蕩少年。

中國從中央到地方，各級政府都公司化了。連中央政府的各部門都公司化，地方政府更是如此。地方政府及其各部門，變成了總公司、分公司、子公司等等，權力就是他們最重要的資本，都用權力追求自身利益的最大化，都成了利益主體。政府與民爭利的情況層出不窮，矛盾衝突大都由此而來。

我剛剛談到的城市矛盾，一個是大學生蟻族，另一個是集中在城市的農民工二代。他們是未來可能的社會大動盪的火種。相對來說，農村地區還是相對平靜的，尤其免了農業稅之後，加上有限的農村福利政策，例如低保、醫保。雖然福利很少，但在中國歷史上，農民從沒得到過福利，現在有了一點點，農民就很容易滿足。但在城鎮郊區，農戶拆遷的衝突就比較多，這大概占農村群體性事件的七成左右。

陳：中共應付維權的主要手段就是維穩，您如何界定維穩？

笑蜀：維穩是維權的對立物。中國沒有法治，沒辦法通過法治渠道解決利益結構失衡導致的社會衝突，於是就訴諸高壓維穩。實質上是得罪不起權貴寡頭，就只好得罪老百姓。比如說拆遷，很多地方法院都接到政法委的文件，或是同級黨委的文件，說這些糾紛法院不得受理。法院在社會矛盾衝突面前乾脆關門，司法救濟走不通，總得靠其他辦法來解決，那就靠維穩。

維穩手段大致有兩種：一是利益贖買；一是暴力維穩。用他們的話講就是，人民內部矛盾用人民幣解決；如果你只是利益訴求，而且要求不高，那就用利益來擺平你。如果不能用人民幣解決，或如果要求太高，當局不願滿足，那就不是人民內部矛盾，就動用不受法律約束的暴力維穩。

另一種情況是利益訴求變成了權利訴求，這當局絕不許可，

一定壓制到底。你可以跟我要錢、要物質賠償，但不能說這是你的權利。誰講權利誰就是刁民，甚至是政權的敵人，就要用專政的辦法，也就是暴力維穩來對付你。

陳：所謂的維穩體制從何時形成？

笑蜀：當中國進入維權高潮之後，同時也進入了維穩時代。維權高潮發生在2005年。隔年2006年周永康接任中央政法委書記，中國就開始形成一個龐大的維穩利益集團。

今天眾所皆知的一個現象是，中國的維穩經費年年高漲，從2010年開始超過軍費。某種程度上，天價維穩成本就是維穩集團的部門利益。他們需要製造越來越多的矛盾衝突和敵人，來證明維穩和維穩集團的重要性，以便從不斷高漲的經濟紅利當中分到更多蛋糕。說白了是借敵自重，最後的結果就是矛盾越來越多，敵人越來越多，同時維穩的利益越來越大，維穩部門的權力也越來越大，包括控制輿論。形成一個惡性循環。

陳：在何種情況下，利益訴求會發展為顯性的民權或權利訴求？

笑蜀：維權意識通常有一個變化過程，就是從初級階段到比較高級階段的變遷。剛開始大多是出於直接的利益衝突，當事人原本可能並沒有權利意識，也沒想到自己會變成維權人士。如果利益沒有受到剝奪或直接的侵犯，基本不會鬧事。維權剛開始都是被動的。比方說，重慶釘子戶為什麼要跑到樓頂上揮舞國旗抗議？因為他的房子馬上要強拆了，否則他不至於這樣。如果你不拆我的房子，或拆遷補償能讓我滿意，那我就算了，這是剛開始。這是老一代的訴求，主要都是利益取向。有些能夠用人民幣擺平，有些用人民幣擺不平，擺不平的怎麼辦呢？案主就上訪。由於地方法院通常不受理，就去找更上級的政府，還不行就一路

上訪到中央。

這麼一來，上訪的隊伍就如滾雪球愈滾愈大，這是維穩的第二層對象。維穩的第一層對象大都是徵地拆遷的直接受害人，或環境污染的直接受害人，這些人通常先去找地方政府。維穩的第二層對象是那些沒被擺平的、不服氣的，要去找上級政府討公道或打官司的。於是，全國出現了規模越來越大的上訪潮。極盛時期，北京有十多萬上訪的訪民，國家信訪局門口每天大排長龍。後來中央政府覺得煩了，便要求地方政府就地解決，而且建立了一個量化的登記制度。哪個省、哪個市、哪個縣，到北京上訪的人多了，就一票否決，地方官就不提拔了，嚴重的甚至直接免職。這逼到地方官員紛紛「截訪」，就是用暴力剝奪訪民自由，不讓去上級政府或北京上訪。如果有漏網之魚到了北京，地方官員會想方設法在訪民進入信訪局之前，及時攔截或綁回去。這是第三層維穩。

所有這些維穩對象，剛開始都是利益訴求。但當類似衝突多了，尤其訪民之間交流多了，發現這是普遍現象之後，很多訪民就開始自身轉型。從原來的利益訴求，慢慢就導致了權利訴求的萌芽。他們開始意識到北京跟省裡、跟基層政府其實一樣黑，甚至更黑。意識到這並不是哪級官員的問題，而是制度的問題，是權利得不到保障的問題。部分老訪民慢慢覺醒，甚至向民主人士轉化。

陳：年輕一代的權利意識要更強？

笑蜀：新生代的權利要求比起上一代，進步太多了。就拿年輕工人來說，他們不僅僅要求相對公平的薪資，而且要求更人性化的工作環境。比方說，富士康工人跳樓並不是因為收入問題，他們的收入相比同類企業嚴格說不算差，但不能忍受那樣的工作

環境，認為不人性化，太孤獨太壓抑，就跳樓了。再比方說，最近一年多來在廣東和湖南很多地方，工潮迭起。這些工潮最重要的訴求跟過去不同，不是工資不高的問題，而是爭取穩定的、普遍的社會保險。在廣東和湖南，只要有工潮就有維權律師介入協助。維權運動隨著中國社會的發展變化，正不斷納入新興的權利要求。

四、立足社會的公民力量

陳：您在《南方周末》評論過許多維權事件，能否談談您印象最深刻的幾件事？

笑蜀：2005年的重慶釘子戶事件就是一個例子。當時徵地談判談不下來，衝突一觸即發，全國很多人過去圍觀，但當時主政重慶的汪洋還是用和平手段解決了。我寫了一篇評論叫〈重慶釘子戶揭開大片時代〉，什麼大片時代呢？我說是「民權時代」。

另一個是成都的唐福珍事件，也是有代表性的。唐福珍是個中產，不差錢，主要是求公平。政府要把她家的地徵了樓拆了，也是談不下來。但成都李春城的處置跟重慶汪洋的處置不一樣，非常強硬，唐福珍最後自焚致死，但自焚的消息被成都當局摀蓋子摀了十多天。披露之後我非常震驚，寫了一篇評論叫〈成都唐福珍事件必須有人問責〉，直指成都當局。

因為在《南方周末》負責社評欄目，我很早就意識到維穩的禍害。2010年，清華大學孫立平、郭于華的課題組有份很重要的報告〈以利益表達制度化實現長治久安〉，算是知識界批評維穩的頭號重磅。他們先投《中國青年報》，但該報不敢發。回頭聯繫我，我在《南方周末》的大參考版發了出來。我本人抨擊維穩

的文章也不少，影響較大的是 2009 年 6 月〈天價維穩成本為何難降〉，發在上海《東方早報》上。這是第一次提出天價維穩成本的概念。

由於連續抨擊維穩，《南方周末》跟維穩部門的關係也越來越緊張。此前，在 2008 年汶川地震後，《南方周末》推出一組校舍垮塌的專題報導。那些豆腐渣校舍多數是周永康任四川省委書記時修建的，但當初我們也沒想到這一層。這組報導包括我做的專訪〈真相比榮譽更重要〉，我讓一位四川教育廳的現職官員現身說法，揭露豆腐渣校舍的真相以及危害。他說得非常坦率，非常震撼。

陳：您如何界定您的評論尺度、風格和價值觀？

笑蜀：我投入公共評論始於〈重慶釘子戶揭開大片時代〉。在這之前我也寫過評論，但都是典型的文人論政，文章都帶有濃厚的理想主義、書齋氣息、文青氣息。在這之後，這種氣質越來越少。

《南方周末》有個重要的定位。基本上，它是處於體制內外的一個結合部，它有很多體制內的資源和通道，但更向體制外開放。當時地方官員如果想搞一點改革，很少去找中央電視台、新華社或《人民日報》等官媒，因為官媒貼金只會起反作用。他們相信《南方周末》的信用。體制外當然更不用講，很多訪民、維權律師、獨立學者，都通過《南方周末》發聲。我在評論員的位置上，評論寫得最多，又是社評欄目的編輯，所以體制內外都有廣泛接觸。這種經驗多了之後，我就得盡可能保持相對客觀、平衡、準確的評論視角，才禁得起各方追問。這是第一點。

第二點是《南方周末》強調新聞專業主義，不認同過度的意識型態化。這不等於不要價值觀，不等於不要現實關懷，只是主

張把價值觀變成隱性，而不是直接出場。

第三點是要考慮第三方的感受，也就是受眾或社會大眾的感受，要顧及他們的接受度。畢竟高高在上的、自以為是的單向灌輸也就是所謂「宣傳」，在中國太多了，大多數受眾對這非常反感。如果我的評論不夠客觀，受眾就會拒絕，評論就沒有信用，就不會產生積極的傳播作用。所以我必須多方面傾聽受眾的需求，用第三方視角來平衡自己的觀點。

陳：所以，在您的價值觀和評論寫作之間，實際上是有張力的。您如何理解這種張力？

笑蜀：我從不諱言，我寫評論的目的就是要傳播我的價值觀。我的價值觀主要兩條：一是追求自由、民主、人權等普世價值；再就是推動公民社會進程。這兩條也可以合而為一，因為對我來說，推進公民社會就是為了實現自由民主人權。「普世價值」是我不變的追求，從《歷史的先聲》直到今天都如此。但我確實逐漸覺得，僅僅停留在概念層面、宏大敘事層面的言說遠遠不夠。

六四之後，我一度非常壓抑。那時只存在官方輿論場，幾乎所有聲音都被壟斷。那時敢於言說的人少，敢言就是英雄。但在互聯網的衝擊下，尤其因為市場化媒體和社交媒體的普及，2008年之後崛起了一個規模巨大的民間輿論場，很大程度把官方輿論場給邊緣化了，對體制的批判隨即從小眾批判升級為大眾批判。體制成了裸體，醜陋暴露無遺。不僅體制外罵聲一片，體制內的人也往往不滿現狀，逮著機會都罵。在這個眾聲喧譁的時代，我認為知識分子不應停留在1980-1990年代的水平，只一味重複宏大敘事，只一味罵，只解構而不關心建構。在這個嶄新的時代，我們不僅要指出彼岸所在，更要尋找到達彼岸的具體路徑；不僅要指出現實問題所在，更要尋找技術上可能的解決方案；不僅要呼

籲改變，更要用具體的行動去改變，並最大程度聚集行動的力量。

　　這就不能只靠小圈子的先知先覺，只靠現有的存量；需要更廣泛的參與，需要突破存量，擴大增量。增量來自小圈子之外，即來自社會，來自普通人。社會上有變革願望和有參與動力的人群，數以千萬計。他們可能不願當鬥士烈士，但他們追求中國的改善或進步。如果能有具體的路徑，把他們的積極性調動起來，讓他們在日常生活中，在能力所及的範圍內，每天照他們的價值觀去參與一點點，行動一點點，他們就可能成為推動中國變革的有效力量。所以，如何撬動和擴大增量，一直是我思考的重點。

　　我不同意兩種極端。一種認為，變革必須等到多數民眾都覺醒都參與才有可能。另一種認為，變革無須社會參與，多數人都是搭便車的；變革是極少數人的事業，只要有了先知先覺的先鋒隊，等到大崩盤那天出來接手，一切就都總解決了。對這問題，我持堅定的中道立場。我既不幻想絕大多數，不相信能自動等來絕大多數；也不信任極少數，我認為只靠極少數先鋒隊的革命，無非是重複列寧式共產革命的老路。

　　我的主張是「相對規模論」。不能是小圈子的自娛自樂，必須社會參與進來，而且必須達到一定規模才有力量。規模是決定性的，但另一方面，規模的起點也不可能很高。如果把中國比喻成13億人持股的公眾公司，則因為股東過於分散，無須、也不可能等來過半股東贊成；只要能爭取到相對規模的股東認同，就能擁有規模優勢，就能左右公共決策，影響國家發展方向。這個相對規模就是貫通體制內外數千萬人的中間社會，他們的集結將構成中國公民社會的基礎性力量，也將是變革的基本推動力量。而要撬動他們，就不能只停留於抽象的言論啟蒙。他們的認知不是問題，需要的是用具體的公共議程和行動來調動他們，讓他們從

中自我訓練，建立自信。這才是真正有效的、有行動活力的啟蒙。

這個推動變革的過程，我籠統地歸之為「公民運動」。即立足於社會，以公民運動來激發、來聚集力量，以不斷成長的社會力來形成不可抗拒的趨勢，自下而上地倒逼體制內的分化，形成體制內外合力，共同促成中國轉型。

陳：廣州是全中國公民行動最發達的地方，您的觀點跟廣州經驗有關嗎？

笑蜀：明顯如此。我是從北京去廣州的，北京知識分子的氣質是高談闊論，務虛居多。這是北京知識圈的特點和魅力所在。廣東的知識分子跟廣東的社會氣質是同步的，要更務實。廣東沒有那麼多大知識分子，能把話說得天花亂墜，把文章寫得活色生香，但卻有很多踏實的苦幹家，公民社會的實際推進者。我受到他們很大的影響，也因此更關注現實中的具體問題。

南北第二個分別是，廣東相對來說是一個市民社會。它跟北京不一樣，北京像是一個服務皇權的等級社會，按權力秩序來分配資源。廣東不完全是這樣，而有強烈的平民性，即便底層也能找到自己的生存空間，活起來相對寬鬆，人與人之間的關係相對鬆弛。

南北第三個分別是政治原因造成的。2007年汪洋調到了廣東。在中共高官當中，汪洋的觀念相對前衛。他在廣東的施政重點之一，就是社會建設，實質就是公民社會建設，只是他不去碰「公民社會」這個敏感詞。但他在這方面做了不少事，投入了不少資源。

今天，廣州實際上是全中國公民社會的首都，公民社會的發育程度比北京要高太多。比方說，勞工運動在全中國是最敏感

的，因為共產黨是靠工人運動起家的，知道這個厲害，強力打壓。但就算這樣，也還是廣東的勞工運動搞得最好。這除了香港、澳門很多勞工組織就近支持，也還有一個重要原因，就是廣東當局對勞工運動相對容忍。廣州草根NGO的發達，也是北京望塵莫及的。

「公民社會」這個詞北京談的人多，但現實中見的不多，感受不強烈。等我到了廣州之後，身邊的好些朋友都致力於公民社會建設，對我是一個震撼。所以我在《南方周末》評論員任內，用得最多的兩個關鍵詞，一個是「普世價值」，另一個就是「公民社會」。

陳：但是很不幸，這兩個詞後來都被敏感了。

笑蜀：2008年汶川地震後，官媒發動對「普世價值」的全面圍剿和封殺，此後普世價值就被徹底妖魔化，沒人敢講了。

陳：北京奧運的廣告詞不是「同一個世界，同一個夢想」嗎？

笑蜀：那是忽悠全世界的。奧運還沒開始，就圍剿普世價值了。因為普世價值遭到全國自上而下的封殺，我就重點講公民社會。但「公民社會」到了2010年之後也不能講了。中央政法委副秘書長周本順（現任河北省省委書記）當時有個著名講話叫「公民社會是陷阱」，說公民社會是西方給中國設置的陷阱，中國不能要。

陳：您的常用詞快被禁光了。

笑蜀：2011年中東北非爆發茉莉花革命之後，路就越來越窄了。但是言路緊縮也為我打開了三個天窗，或者說強化了我的三個體悟。

第一個體悟是，我意識到我們必須立足於中間社會。知識分子不能老在概念中兜圈圈，不能老在書齋或自己的小圈子裡自我

陶醉同質感動，一定要進入社會才有力量的源泉。

　　第二，如果說社會是力量的來源，是出發點，公民社會就是經營的目標。公民社會進程在我來說，就是一種組織化的進程，一種建立社會默契、社會協同、社會合作的進程。在原子化的公民與公民之間，不斷擴充彼此連結的機制。這正是我所理解的「新公民運動」的意義。

　　第三，前面說到《南方周末》本是一個體制內外的結合部。近年來，我更意識到這種內外結合的必要，就是既要影響體制外也要影響體制內。毫無疑問，體制本身是頑固的。但體制本身的頑固並不等於體制內沒有變量，最大變量就在於具體的人。體制內數千萬人，比歐洲一個大國的總人口還多。這麼巨大規模的人群處在一個開放多元的時代，除非上帝，沒有任何世俗的力量能夠絕對控制，不可能鐵板一塊。社會有多少變化，體制內就有多少變化；社會有怎樣的思潮，體制內就有怎樣的思潮。因此在認知上，需要把體制內具體的人跟體制本身區別開來，不能混為一談。要堅決地改變體制，對體制本身不能有任何幻想；但同時要相信人性，相信體制不可能消滅數千萬人的人性。聚合、連結中間社會的公民運動，就是「倒逼」體制內分化的力量，就是匯聚體制內外最大共識的動力來源。但這公民運動必須足夠強韌，才能發揮關鍵的槓桿作用。

五、新公民運動

　　陳：公民運動跟中國自由主義的關係何在？

　　笑蜀：公民運動的重要意義在於，它為自由主義提供了政治上的縱深。自由主義在中國浮出水面始於1990年代，以李慎之為

代表。最初只是一種思潮，沒有體現為具體的社會運動。自由派本來是只有大腦而沒有對應的社會力的。但2003年後，維權運動慢慢填補了這個空白，造就了一個巨大的政治市場。

這個政治市場促成了兩個群體的崛起。一個群體是維權律師，這是最重要的一股行動力量。維權律師群體的出現，主要有兩個原因。首先，高校擴張之後，法律系學生越來越多。其次，由於司法機構相對封閉，體制內的位置供不應求，新畢業的法學系學生進不了體制，就只能在體制外找出路。想發財的走向商業；有政治抱負的就成了維權律師，進入了法律和政治市場。

維權律師之外，另一個崛起的群體就是自由派媒體人，包括一大批調查記者和評論員。

陳：也包括微博公知（公共知識分子）和大V（粉絲眾多的微博大戶）。

笑蜀：他們也屬於民間輿論場的重要力量，共同推動了民間輿論場的擴張，使中國進入一段公共輿論空前繁榮的時期。但我剛剛也提到，最晚從2008年開始，當局對公共輿論的壓制節節升級。

陳：維權律師的政治風險有多高？

笑蜀：維權風險最高的是替良心犯維權，其次是替訪民維權。風險稍小的，是為徵地拆遷的當事人提供法律服務。都有政治風險，只是程度不同而已。

陳：這兩年來，維權運動遭到更強力的整肅，民間輿論場在官方強壓下也走向低迷。您剛才提到三個體悟，說您的努力方向是匯聚社會力量，著眼於組織化的公民社會進程。但大陸正處於六四之後最強烈的一股政治寒流，許多維權人士和NGO工作者遭到關押。這個逆境會持續多久，無人能知。您如何自處？

笑蜀：不能說都是壞消息，好消息還是有的。比如華南地區的勞工運動就一直在發展之中，甚至公開提出要朝「組織化維權」邁進。比如人權律師團在短短的一年多，已有三百餘位人權律師加入，每遇重大公共事件都堅持發聲，幾乎無役不與。再比如，給良心犯和良心犯家屬人道救援的「送飯黨」在遭打壓後，也並沒有終止，而是以更曲折的形式推進。事實上，公民運動的空間並未都關閉，也不可能都關閉。畢竟，今天統治者不可能再像從前那樣控制一切了，高壓之下仍有縫隙。

當然必須承認，總體講公民運動現在的確處於困境中，很艱難。國家與社會力量太不對等，當統治者以最大決心傾舉國之力來打壓時，公民運動不可能不受挫。這不奇怪。中國轉型本是當代史上最艱難的轉型工程，全球民主化最後的一道閘門。要不難，也不會那麼多黨國體制的國家都轉型了，就中國的黨國體制還巍然屹立。中國的轉型，公民運動的發展，本來就不可能一帆風順，不可能畢其功於一役，本來就是屢敗屢戰。

只就短期來看，公民運動一時難以走出低潮。但中長期而言，我充滿信心，樂觀以待。因為打擊公民運動並無助於改善體制最大的短板，這短板就是現代治理。中共體制長於鎮壓，拙於治理。現代治理必須以公民權利的復甦為條件，以公民參與為要素。打擊公民運動，凍結公民權利和公民參與，哪來現代治理？怎麼可能解決現實中堆積如山的治理問題？只一味鎮壓而無力治理，現政權怎麼阻擋合法性的流失？如果說合法性曾主要來自經濟增長，則在經濟開始下行之後，合法性就只能主要來自現代治理。打擊公民運動就是狙擊現代治理，會讓治理問題發展為更嚴重的政治社會危機。

陳：在政治緊縮的當下，公民運動能怎麼做？跟體制內的關

係為何？

笑蜀：體制內自上而下的變革，我不排斥，有最好。但對這不指望，因為它來不來，什麼時候來，以什麼方式來，後果怎樣，不是我們能預期和控制的。我們現階段唯一能做的，就是激活社會，壯大民間，把一盤散沙轉化成組織性的公民聚合。組織化維權，因此是當下的核心議程。

的確，當下「組織」是高壓線。但「組織化」跟「組織」有聯繫也有區別，不能完全等同。「組織」是高壓線碰不得，不等於「組織化」沒有空間。組織化是極其寬泛的過渡地帶，蘊藏著豐富的可能性。具體講，組織化至少包括三點：第一是發現有共識的人；第二是從共識發展到共同行動；第三是在共同行動中建立信任與默契。這三點在當下並非沒有嘗試的空間，關鍵只在於我們有沒有自覺、有沒有智慧去開拓這空間。

組織和組織化的關係，好比汽車跟汽車零組件的關係。如果沒有條件馬上組裝一部汽車，起碼可以先做好汽車所需的各種零組件。一旦條件成熟，就可以第一時間啟動組裝程序，第一時間開車上路，一秒鐘也不耽誤。這即是說，組織化是組織的前奏，組織化是組織的基礎。這一切都應該在組織的條件成熟之前完成。那種寄希望於一夕變天，以為沒有汽車零組件無妨，到時自然會天上掉下一輛奔馳，第一時間就可以開車上路的想法，在我看是太異想天開了。

陳：您如何看待許志永發起的「新公民運動」？

笑蜀：我非常欣賞許志永、郭飛雄、郭玉閃、唐荊陵，他們有智慧有勇氣，敢於為自己的追求付出代價。許志永知道他一定會坐牢，但他沒有畏懼，他禁受了考驗。我相信他出獄後更是一條好漢。郭飛雄、郭玉閃、唐荊陵，莫不如此。2014年迄今對公

民社會的大鎮壓，也是一個大浪淘沙的過程，真正的金子會留下來，並且一定會在日後的轉型進程中更加閃亮。

「新公民運動」的具體內容包括街頭行動和組織化，而我最推崇它的組織化嘗試。比如「教育平權」這個議題，發動了至少十萬家長參與，為主流媒體持續聚焦，成了整個社會的公共議程。新公民運動倡導的官員財產公示也是如此，調動了很多主流媒體，輿論壓力之大，以至政治局委員張春賢、政治局常委俞正聲都不得不表態個人願意公示財產。我從來強調社會運動必須進入社會，而事實表明，教育平權和官員財產公示的確得到了社會認同。而且，這一切都是在合憲合法的框架下實現的。是的，即便如此，統治者仍難容忍，仍要鎮壓。但非要那樣做的話，統治者必得付出巨大的鎮壓成本。社會上廣泛的同情，更會累積出一種巨大的道義資本，這種道義資本是公共財，是社會資本的一部分。所有這些，最終都會轉化為倒逼變革的壓力。

陳：可否向本刊讀者說明一下新公民運動的背景？

笑蜀：新公民運動的前身是公盟，公盟就是公民聯盟的簡稱，已有公民運動的內涵在內。北京市當局把公盟當眼中釘，2009年以所謂漏稅為由把許志永抓了，關閉了公盟。但許志永做公民運動需要一個平台，就在2010年發起「公民承諾」，即有共同理念的一群人，基於要做公民的共識，彼此承諾、互相監督、互助合作，這叫公民承諾。最初有幾百人加入。許志永也幾次邀請我，但我還在《南方周末》，不宜介入任何行動，都婉拒了。2012年5月，許志永把公民承諾正式升級為「新公民運動」，仍邀請我加入。這時我已離開《南方周末》，但我還是婉拒，只答應以言論響應。

我的介入是在後期。2013年3月，丁家喜、趙常青等八人被

抓，全是新公民運動的骨幹，這就對許志永形成包圍態勢，他的結局不言而喻了。7月16日，他果然被抓。對我來說，抓許志永是一個明確的信號，即當局要整體鎮壓新公民運動。這種情況下，我覺得我再不能做局外人了。許志永被抓四天之後，我跟王功權發出聯合聲明，在抗議的同時，宣布我們接力新公民運動。

　　陳：您現在的角色是什麼？

　　笑蜀：以前我主要從理論上、言論上呼應新公民運動。但在許志永等新公民骨幹全部被捕之後，我身不由己，必須站出來守護新公民運動的理念。如果大難來臨大家都放棄，都鳥獸散，讓這個運動銷聲匿跡，怎能把衣缽傳承下去？沒有傳承就沒有積累，斷層接著斷層，每一次都只好從零開始。而這對統治者也是鼓勵，讓他們覺得鎮壓有效，既然屢試不爽，何樂不為？

　　其實我知道自己的局限。我最怕從事職業政治，因為自己沒有這方面的必要素質，沒有跟廣大人群打交道的能力，沒有管理協調的能力，更沒有運籌帷幄的能力，絕無可能撐起一個運動。我希望做到的，是讓新公民運動的理念不因鎮壓而消散。理念就是旗子，只要旗子在，哪怕只剩下最後幾個人，都象徵著隊伍還在，失散的隊友就可以找到方向。作為媒體人，我現在唯一能做的就是通過輿論告訴公眾，鎮壓的意圖並沒有完全實現，新公民運動並沒有結束。等到哪天許志永和其他新公民運動者都出獄了，我就完成了我的階段性使命。那時我會回到書房，回到我的專業，靜下心來寫書。那一天，我希望不會太遠。

六、台灣觀察

　　陳：您多次來台訪學，對台灣社會有何觀察？如何理解台灣

的轉型，以及近年來聚焦於中國崛起的政治紛爭？直言不諱的批評無妨，請不要客氣。

笑蜀：大陸有家雜誌叫《新周刊》，出過一期台灣專輯，封面主題叫「最美的風景是人」，這比較能代表我的心聲。台灣很人性化，很詩意很溫馨。我近年跑得比較多的大概就幾個地方：美國、香港和台灣。美國很好，但對我太陌生；香港太商業化，節奏太快壓力太大，我不適應。中國大陸的人文環境則基本被毒化，要恢復正常至少得三五十年。相比之下，台灣是我最喜歡的。如果只考慮個人生活的品質，其實我非常希望定居台灣，在台灣鄉下有個小房子，在台灣安度晚年。當然我知道這不現實，我的主場畢竟在中國大陸。

我最欣賞的還是台灣的民主轉型。放到全世界的範圍來看，台灣轉型的成本是最小的，尤其是生命成本。這最值得大陸借鑑。但遺憾的是，台灣的轉型經驗還是太特殊了，不可能在大陸複製。相比之下，倒是台灣轉型的一些缺憾及其教訓，更值得大陸記取。我很希望兩岸學者在這方面有所合作，對台灣轉型在哪些方面比較失敗，為什麼失敗，如何避免等環節，展開充分探討。

中國大陸能否平穩轉型，不只關係大陸，也跟台灣的命運休戚相關。如果要對台灣有所批評的話，這點上我不能不無諱直言。據我觀察，台灣各界確實帶有二戰前夜瀰漫於美國的「光榮孤立」情緒。普通台灣人認為中國大陸的事情看不懂，也惹不起，不如躲得愈遠愈好，過自己的小日子就行了。作為常人，這種偏安心態當然沒錯。但是，有抱負的政治家就不該這麼想。當年羅斯福總統如果認同光榮孤立，美國肯定不會參戰，肯定不會有反法西斯戰爭的勝利，那法西斯的鐵蹄應該早已經征服世界了。

　　當然歷史不能簡單類比。台灣不是當年美國，今天的世界也不是二戰前的世界。但在我看來，台灣的光榮孤立心態並不可取。如果台灣跟古巴換個位置，就在美洲大陸的旁邊，與美國為鄰，光榮孤立挺好，誰也不能拿台灣怎樣。但問題是台灣沒這幸運。地理位置注定了台灣不可能躲得開。中國大陸就像一艘巨艦，它搖擺激起的一點點風浪，都會對台灣有重大影響。如果它哪天突然傾覆，一定是比海嘯還要大的震盪，台灣社會根本不可能承受得起。

　　未來兩岸關係的定位，肯定需要開放的思維，需要想像力。就當下而言，無論台灣朋友願意不願意，兩岸命運客觀上的交集度確實太大。這就需要台灣政治家有洞見、有擔當、有魄力來面對這一切。但是很抱歉，據我對台灣極其有限的了解，在台灣政壇上我還看不到這樣的政治家。我前面說我很喜歡台灣人、台灣社會，但我對台灣政壇的評價實在不高。視野所及，看到的都是政客而且是小政客，沒有政治家。

　　這樣的一個台灣，將沒法預見中國大陸未來的急劇變化，也沒法應對這種急劇變化對兩岸關係的衝擊。其實，豈止台灣的政治人物這點上不及格，台灣的中國研究，在我看及格的也不多。按說，在全世界的中國研究中，台灣應該走在最前列。但我看到的情況不是這樣，總感覺台灣的中國研究太表面太簡單，難以深入中國政治和社會的洶湧暗流。

　　以上批評未必對，但願是我錯了。倘真如此，我很樂意將來有機會道歉。但無論如何，我對台灣充滿感激。在我個人最困難的時候，在大陸的公民運動最困難的時候，曾得到台灣朋友尤其台灣公民社會最熱誠的幫助與聲援。他們是我在台灣看到的最美風景。

動物保護事業在中國

莽萍訪談

莽萍

1960年出生於吉林通化。1976年中學未畢業即隨潮流參軍，在部隊醫院度過五年，1982年考入中國人民大學新聞系，現職中華文化學院教授。自1990年代起，致力於自然和動物保護教育，多方面介入動保議題。注重從佛教和儒家汲取思想資源，先後成立以豐子愷《護生畫集》命名的「護生學社」，和監督人工圈養環境下的野生動物生存狀況的民間專案「中國動物園觀察」。1997年起呼籲制定《反虐待動物法》，2004年以降，參與推動動物保護相關法律的修訂。1998年主編「綠色文叢」，出版環境倫理書籍四種；2005年主持譯介當代西方的動物權與動物福利論說、亞洲自然保護倫理等著述。2006年獲英國 Pear Awards「敬畏生命獎」。著有《俞頌華傳》、《綠色生活手記》，譯有Tom Regan的名著《打開牢籠：面對動物權利的挑戰》，主編「護生文叢」系列叢書，包括《為動物立法》、《天地與我》、《動物權利導論》、《動物福音》、《物我相融的世界》等。

一、同情──起而行動的最好動力

陳宜中（以下簡稱「陳」）：您從何時開始關切動物保護議題？

莽萍：我1982年上大學，在中國人民大學讀新聞專業，1986年畢業後讀新聞史研究生。在1980年代大陸的大學教育裡面，環境保護和動物保護的課程和資訊幾乎不存在，哪怕修習中國哲學思想史，也極少論及古人的自然觀和人與動物的關係。實際上，在20世紀70年代末以前，大陸流行的是與自然為敵的觀念，所謂「與天奮鬥，其樂無窮，與地奮鬥，其樂無窮」。自然是被改造、被征服的對象，而不是善意對待的對象。1980年代實行改革開放政策，國門已經打開，但當時人們對歐美的環保和動保運動幾乎沒有什麼了解，而以毀壞自然為前提的商業發展卻在蓬勃興起。

就我個人而言，對自然之物的好感是由衷的，這可能與我小時候住在林木豐茂的山城有關。有兩件事情直接觸動了我對於非人類生命的感覺。一件事是在1985年，我到昆明遊覽，看到一匹拉車的馬載著明顯超重的水泥板，衰弱到走不動，卻被趕車人兇暴地抽打著走。這個場景讓我感到非常不忍，人怎麼可以這樣狠心地對待動物？為什麼路人都好像沒有看到一樣？那時我並不知道，在往後的二十多年裡，這個國家的大部分野生動物和各類家養動物，都無可避免地淪為人們突破底線逐利的犧牲品。

另一件事是1988年，我們一群朋友到北京郊外遊玩，一位友人帶回了兩隻小貓，其中有一隻要送給我。此前，我完全沒有養動物的經驗，也從未想到要養貓。朋友送我這隻貓以後，我才注意到，這個小生命有牠自己的生活和需要，我得好好照顧牠，才

能讓牠比較舒適。這個經驗讓我意識到，在我們周圍還有一些動物，而牠們有自己的需求和利益。這個地球大概不應該只是人類獨享的，還有其他的生命需要照顧。

陳：引發較多社會關注的動保議題，一開始有哪些？

莽萍：在1980年代，「發家致富」幾乎是改革開放的全部內容，無論是現代化或是其他目標，都要藉由發家致富、使社會富裕來完成。這可以說是那個時代大陸社會最重要的意識型態。在不知不覺中，人們對致富或暴富的追求越來越強烈，整個社會被商業利益裹挾著往前走，不顧動物生命賺錢的情況越來越普遍。例如，大量的豬、雞和其他一些動物甚至甲魚等，在宰殺前被注水增重賺錢。這種行為被視為損害了市民的「菜籃子」，所以才能進入公眾視野。注水是在動物還活著的時候做的，牠們在被屠宰前還遭受虐待。人們買了活雞殺了之後發現，牠的體內被注入很多髒水污物，就因為增重可以賺錢。

到了1990年代，急遽的商業化和賺錢欲望，使得虐待動物的現象更廣泛發生，不只是豬、雞被注水，牛羊活體注水增重也開始出現了。這些現象越來越普遍，卻很少得到有效制止，也很少被認為是殘忍行為。在飼養、運輸和屠宰過程中，大量動物遭受折磨，但這些情況隱藏在暗處，被遮蔽在日常生活之外。如果不想看到，可能永遠不會被看到。我注意到這些情況後，就開始拿起筆描述這些事情。豬、雞、羊等養來供人吃用的動物，難道可以隨意糟蹋而無需善意對待？動物有感知力，知道疼痛和安適，不應該被如此虐待。我發出的聲音雖然小，但是我相信，社會裡有了這樣的聲音，與沒有是不同的。

對我而言，同情是起而行動的最好動力。

總體上看，商業化衝擊下的中國社會，對動物的利用和虐待

包含兩大部分。一部分是對野生動物棲息地的破壞，對野生動物的濫殺販賣和吃用，包括馴養繁殖野生動物野蠻利用，最著名的例子是活熊取膽、虎的吃用和馴獸表演等；另一部分是對各類家養動物的虐待，如密集式飼養動物、野蠻運輸、屠宰前和屠宰過程中的虐待、對伴侶動物的棄養虐待，動物實驗、娛樂體育業對動物的傷害等。這些事情都激發了人們的思考和關注。

陳：「護生學社」的宗旨是什麼？

莽萍：護生學社成立於2002年。宗旨是倡導無殘酷的文化，培育良知和同情，以不忍之心關懷自然萬物，以溫和的態度處理世間事務，減少社會裡的暴戾氣息。這些理念得到了一些朋友的認同，所以就用護生學社的名義做一些活動，主要是關注動物在人類社會中的處境，研究人與動物的關係，希望用行動促進改變。不過，後來我更樂於用「中國動物園觀察」這個項目來開展活動。這樣我也逐漸從書齋走向社會，參與到動保教育和動保運動裡面去。

回想這個過程，應該說，只是順勢而為。我在1990年代已經寫了一些愛護自然和動物的文章。這些文章在1999年集結出版，書名是《綠色生活手記》。其中一篇題為〈走進動物園〉，記錄了我1995-96年在北京動物園的觀察和我對人與動物關係的一些看法。這篇文章寫好後投給《中國青年報》的「冰點」欄目，它的主編是李大同先生。他後來打電話跟我說，編輯部對要不要發表這篇文章有激烈爭論，有些人認為，人的事情還管不過來，哪有時間去管動物的事。當然，他最後還是決定發表這篇文章。〈走進動物園〉以整版篇幅刊登在1996年6月11日的《中國青年報》上。沒想到文章刊出後，全國各地很多讀者寫信或打電話到編輯部，表達他（她）們的感受。由此可見，人們對受虐動物的同情

心其實是很強烈的。如果有適當機會，人們就會表達自己的關切。

　　《綠色生活手記》出版後，我著手編輯叢書，以「護生文叢」出版。「護生」這兩個字，取自豐子愷的《護生畫集》。護生思想是中國本土的佛教資源，與當代生態保護理論或動物權利思想並不完全契合。但我覺得「護生」這兩個字，很有力地彰顯了人在保護動物過程中的作用，本土民眾很容易理解。無論是尊重動物權利，還是愛護動物，都要付諸努力。後來成立護生學社，也是延續了這個想法。

二、通過記錄，促進改變

　　陳：「中國動物園觀察」發起了哪些活動？

　　莽萍：「中國動物園觀察」是我在2003年創立的一個社會實踐項目，主要招募大學生志願者，對中國的動物園進行田野調查、記錄和研究，旨在改善圈養動物的福利。促使我關注動物園問題的起因，是當時野生動物園大量出現，各地爭相建設具有企業經營性質的野生動物園。急遽擴張的動物園在技術和資金方面都很短缺，卻要圈養大量國內外珍稀野生動物。這些動物真的很遭罪。他（她）們來自地球不同的緯度和經度、不同的氣候條件，生活習性差異極大。很多動物在捕捉和販運特別是長途運輸過程中，就被折磨死了。活著到達動物園的，也會因為條件限制而遭遇種種不適。

　　中國大量進口野生動物，讓真正的野生動物變為動物園動物，也導致一些國家對野生動物的盜獵濫殺，對全球野生動物保護破壞很大。這是野生動物園的「大躍進」。這個野蠻的「大躍

進」幾乎沒有受到任何約束。野生動物園比一般城市動物園的商業性更強，它設計的項目全都是為人所用。動物表演在野生動物園裡廣泛出現，馬戲團很快就在這裡找到了大規模上演的舞台。野生動物園還發明了一些血腥項目如活體餵食猛獸，就是把活牛、活羊等推到虎、獅群裡，渲染虎牛大戰，慫恿遊客觀看。

這些現象的出現，與1992年頒布實施的《陸生野生動物保護實施條例》為商業利用野生動物打開大門密切相關。從1993年到2003年，大陸興建了二十多家大型野生動物園，圈養野生動物達十多萬頭（隻）。我當時正在研究宗教與生態倫理的關係，極其關注這些動物的處境。我希望通過團隊志願者的田野調查來記錄動物園動物的生存狀況，為公眾和政府相關部門提供真實資訊，呼籲改善這些動物的境況。通過記錄和呈現，促進改變。這是創立「中國動物園觀察」的初衷。

當然，改變是非常困難的，要付出艱苦的努力。從2003年開始，我在一些大學的環保社團演講時，都會談到動物園動物的處境，希望更多大學生參與社會調查。後來很多學生參與其中。參加田野調查的學生利用寒暑假回自己家鄉去調查動物園的現狀，他（她）們反饋回來的情況非常令人擔憂。動物園裡的動物通常得不到良好照顧，商業利益總是第一位的。動物表演極其野蠻，那些馴獸師完全違逆動物的天性，毆打是公開的。觀眾到了動物園，馬上被引導去觀看動物表演或活體餵食。2003年前後，在野生動物園裡，活體餵食是最大的商業噱頭，非常殘忍。很多家長帶孩子觀看，有的孩子當場就被血腥的場面嚇哭了。這些情況都被學生記錄下來。

記錄下來之後還要呈現出來，讓公眾了解。我們在十多年間，做了多次動物園調查發布會和「無動物表演城市活動」，特

別是在五一、六一兒童節、十一長假前後舉辦，每次活動的主題都有變化。針對北京存在的馴獸和動物表演，就做了多次「讓北京成為無動物表演城市」活動。

陳：「中國動物園觀察」的調查報告發表了嗎？

莽萍：2004年我們印刷發布了《中國野生動物園調查報告》。這是國內第一份針對野生動物園的調查報告，發表後被維基百科列為詞條。2011年第二次較大規模調查後，網路發布了《中國21家動物園調查報告》。

從2003年到2014年，前後有近33位大學生志願者參與「中國動物園觀察」的田野調查和記錄。這些學生非常出色，富有同情心，有敏銳的心靈和觀察力。最早一批志願者主要有四位學生，他們在世界動物保護協會的支持下，做了很細緻的田野調查。這是我們撰寫2004年《中國野生動物園調查報告》的基礎。

2011年的動物調查報告是在經過一年多的調查後發布的。2010年國家林業局和住建部相繼發出「通知」或「意見」，要求動物園停止虐待動物的動物表演。這對於阻止動物園過度利用動物，具有重要意義。但是，各地動物園是不是遵守這些規定？動物的處境是否會因為這些要求而改善？這是需要公眾去監督的。所以，「中國動物園觀察」的志願者在2011年寒假、暑假和節假日，對全國多家動物園，包括野生動物園、城市動物園、三級市區小動物園等進行了實地觀察，做了大量的影像和文字記錄。

根據這些調查，我們撰寫了2011年的動物園調查報告。結果表明，馴獸與動物表演並未有效遏制。在被調查的動物園中，有50%的城市動物園、91%的野生動物園和89%的海洋館，仍存在各種類型的動物表演。野生動物園基本沒有停止馴獸和動物表演活動。後者對志願者詢問「為何不停止動物表演？」的答覆是：

野生動物園歸林業部門主管，不必停止動物表演。他們似乎享有奴役、虐待動物的特權，但這特權是誰給的？每一次調查真相呈現出來，都會引起社會和有關部門的注意，但是改進卻非常困難。在中國社會，虐待動物的情況已經存在很久了，而社會大眾其實很健忘，主管部門也常常站在商業利益一方。所以，那些欺壓動物的企業總是能夠大行其道，惡劣的活熊取膽、老虎吃用、野蠻馴獸等行業可以長期存在。

在這種情況下，不斷地調查、記錄與呈現，是關心非人類生命的處境、關心囚籠中的動物的人一定要做的事情。我們應該把受盡折磨的動物的故事，記錄下來，講出來，留在歷史裡。

陳：動物園調查報告發布後，有比較正面的進展嗎？

莽萍：2004年10月，我們撰寫了《中國野生動物園調查報告》，並舉行了一場報告發布會。這份圖文報告對於濫建野生動物園對生態的影響，動物園的剝削動物項目，以及所謂的野化訓練（用活體動物餵食猛獸）等，都有記錄、分析和批評，很有分量。當時媒體報刊有很多報導，引起頗大反響。報告印刷版遞交國家林業主管部門後，他們出面協調25家大型野生動物園在昆明開會，每個與會者都拿到一份調查報告。據說經過激烈討論，這些野生動物園達成協議，在2005年3月聯合發表了《全國野生動物園保障動物福利承諾書》，承諾不再用大型活體動物餵食猛獸。這個承諾的意義是很正面的。至少，以活牛投餵獅虎的血腥活動逐漸銷聲匿跡。但以小型動物如活雞活鴨投餵猛獸的情況，在一些動物園仍持續存在。馴獸和動物表演、合影拍照等，仍沒有受到任何限制。

2011年後舉辦的多次活動，也包括呼籲停止在國家體育館「鳥巢」進行虐待動物的大馬戲團馴獸表演，以及呼籲北京成為

無動物表演城市。前者使鳥巢停止了這類展示殘忍的馬戲活動；後者則有效地降低了野生動物園內一些嚴重虐待動物的表演活動的虐待程度。例如，野生動物園馬戲表演中對老虎傷害極大的老虎鑽火圈節目被多次曝光後，這兩年已經觀察不到。當然，最重要的改變是，動物園動物的處境被不斷地呈現出來，引起公眾的同情和社會的關注。改變就孕育在其中。

　　我主持「中國動物園觀察」這麼久之後，更傾向於認為，觀察動物園其實就是在觀察一個社會。動物園動物的處境，映照出的是一個社會裡的人的狀況，他們的精神面貌和他們受物欲控制的程度。一個社會對鄙俗、奴役和欺壓弱者習以為常，又怎麼會善待動物園裡的動物？

三、對動物福利的誤讀

　　陳：在大陸，您是較早提出「動物福利」概念的學者。以您的觀察，這概念的社會接受度高嗎？

　　莽萍：實際上，在1990年代寫作《綠色生活手記》時，我沒有用到這個詞。大陸民眾對「福利」一詞的理解，完全是「額外利益」的意思，而不是「基本保障」。這與中國的國情相關，所以我盡量避免使用「動物福利」概念。

　　2001年以後，我的一些文章用到了「動物福利」。我希望用動物福利這個詞來確切地表達滿足動物基本需要和防止虐待之意，而沒有給予動物額外利益的意思。那時動物福利這個詞仍然很新潮，會引起社會爭論。很多人認同讓動物不受虐待或減少痛苦，但卻覺得「福利」不應該加在動物身上。這個落差很有意思。其實，動物福利只是對不要虐待動物的一種更積極的提法，

除了不要虐待，還包括滿足動物的基本需要，包括身心的需要。

　　大概在2005年春天，一位研究動物權與人權問題的莫菲女士曾就中國的動物福利狀況向我諮詢。她的疑問是，動物福利只是給予動物最基本的照顧，對消費者和動物以及動物擁有人都有極大的益處，為什麼在中國實行起來這麼難？動物福利立法維護的主要是動物不受虐待的基本權益，是一件文明的好事情，為什麼在中國人看來就是匪夷所思？我告訴她，動物福利引起那麼大的爭議，首先跟「福利」這個詞彙有關。在中國，「福利」這個外來詞代表的是少部分人享有的生活利益。在前幾十年，這個詞更代表了只有城市國家職工才享有的額外利益。這些額外利益有多有少，但在人們的印象中，福利就是一個工作單位好壞的代名詞。福利在中國從來就是一種稀罕物，從來就不是全體人民享有的公共物品，更不是照顧弱者利益的物品。

　　莫菲聽到這裡趕緊說，在英美國家，福利也不是全體人享有的利益，只有窮人才享有「福利」，比如領取最低生活保障金等，但是能夠自立的英國人美國人羞於去領。孩子有福利，因為還沒有成年，需要照顧；動物也一樣，需要照顧，所以有動物福利問題。你看，語意恰恰相反：在那些國家，福利是給予弱者的利益，而在中國，福利卻成了少部分人的紅利。所以我跟莫菲說，中國社會還沒有進入動物福利的實質性討論，光這個詞本身就足以引起騷動了。聽了我的解釋，莫菲才恍然大悟：「原來在中國，福利是一個大紅包（bonus）呀，那你怎麼能說給豬一個大紅包呢？」

　　這就是為什麼「動物福利」在中國很難被普通人接受的原因：人還沒有福利呢，給動物福利？實際上，如果福利只是對缺少能力者或失去勞動能力者甚至下崗者給予的最低生活保障，是

給予兒童的全面保障等，而不是國有單位、特別是大型國有機構或企業發給員工的額外現金或實物，國人就不會對「福利」一詞如此敏感和羨慕。對於保障動物基本利益的動物福利理念，大概也不至於產生那麼大的誤解和牴觸了。

　　動物是人類社會的犧牲品，在現代社會生活中是極弱者，處於被壓迫、受虐待甚至隨意宰殺的地位。講求動物福利，也只是給予人類飼養、管護的動物在其生命的各個環節，包括最後的屠宰環節，以基本的福祉關懷，減少虐待和傷害；對於伴侶動物，要求飼主盡到照顧之責；對於工作動物，在滿足牠們的基本需要外，要規定適度的工作量和工作時間，避免虐待，等等。總之，動物福利滿足的是動物的基本需求和利益，防止的是不必要的痛苦和傷害。

四、從書齋到社會只有一步之遙

　　陳：您從書齋裡的一位學者，逐漸介入實際的動保議題，近年來還參與推動中國動保法律的變革。能否進一步分享您的經驗和心得？

　　莽萍：近三十年來，中國社會發生了巨大變化。「一切向錢看」變成了通行的原則，這個變化對人心的衝擊是百年未有的。在這個過程裡，對動物的大規模傷害和暴虐利用是顯而易見和極其嚴重的。社會道德低下和法律缺失，都加劇了這種情況。即使在書齋裡，也無法視而不見。

　　其實，從書齋到社會只有一步之遙。

　　2003 年，有報導說北京大興區要修建一座大型鬥牛場，引進美式鬥牛（rodeo）和西班牙式鬥牛。我看到後撰寫了文章，講鬥

牛的殘忍性。西班牙鬥牛的殘忍大家似乎比較容易理解，而美式
鬥牛就覺得又不殺牛，似乎可以引進。其實，美式鬥牛對牛的傷
害同樣嚴重，同樣要使用刺激牛的傷害性器械。引進這類比賽會
帶動各地殘害動物的賽事，也不合乎傳統文化的仁愛精神。我和
自然之友的李小溪商量，寫出一份議案，請當時的北京市人大代
表吳青先生過目。吳青代表很樂於提出這項議案，她建議停止興
建大興鬥牛場，並把議案提交到北京市人大。2004年全國兩會之
前，我把文章給梁從誠先生看，梁先生非常贊同。他也在全國政
協會上提出「提案」，呼籲不要引進鬥牛比賽。最後，大興區政
府從善如流，勸說投資商改變了興建鬥牛場的初衷。

　　這件事情，梁從誠先生和吳青先生都表現出深度關切，都在
力所能及的範圍內發出呼籲。這兩位先生都是我們社會裡最肯於
行動的知識分子，關心環境和動物問題，富有同情心。梁先生去
世後，我非常懷念這位前輩。

　　後來在2011年，我又參與了新一輪要求取消美國西部牛仔競
技賽進入中國的活動。這次要在北京的「鳥巢」，在十一期間引
進美國西部牛仔競技賽，包括騎牛、套牛犢、繞桶等項目，專案
設計有高額的獎金，還計畫現場電視全球轉播。據說要「連續八
天，讓中國人不出國門就見識美國西部牛仔文化」。這項競技賽
事竟然是中美文化交流項目，由數個機構與國家體育場鳥巢合
辦。但這次民眾反對的聲音也很強大，數十家國內動保社團聯合
發出呼籲，眾多社會人士參與，要求停止引進此類野蠻賽事。

　　證據顯示，早已脫離了傳統農牧生活的所謂西部牛仔競技，
是金錢獎勵下的商業比賽，追求的是感官刺激和征服欲，對動物
的摧殘觸目驚心。為了達到娛樂效果，要以電擊刺激馬或牛，而
公牛和馬的陰部會被一根帶子緊緊勒住，迫使牠們因劇痛而猛烈

彈跳。動物們被牛仔用馬刺踢踹或經過繩索猛勒後，往往遍體鱗傷。例如，在套牛犢比賽中，牛仔拋出繩套，套住奔跑中時速達30英里以上的小牛，恐懼萬分的小牛會猛烈掙扎，脖子、喉嚨和氣管都會受到嚴重傷害，往往當場死亡或在表演結束後痛苦地死去。一位有三十年經驗的美國權威獸醫哈勃說：「我曾看見過那些參加牛仔競技的人把動物送到罐頭加工廠，那些牛簡直是體無完膚，只有頭部、頸部、腿部和腹部的皮還與肉黏在一起，有的動物斷了六到八根肋骨，把肺都刺穿了。」這是何等野蠻的賽事！一些商業機構以為中國沒有動物保護法，就可以任意胡來，甚至想在中國大規模推廣。

最終，所謂牛仔競技賽事沒能進入中國，也沒能在鳥巢展演。由這件事情可以看到，中國社會已經發生了變化，民眾的觀念也在轉變。舉辦或引進活動要順應民眾觀念的變化。公眾不忍再看到傷害動物的娛樂，這就是變化。

陳：關於密集式飼養動物的動保議題，近年來有何發展？

莽萍：2005 年，我主持的「環境與動物倫理研究小組」（EAEG）與政府屠宰主管部門和世界農場動物福利協會（CIWF）一起主辦了「2005 年生豬屠宰和福利論壇」。那時候，我主編的「護生文叢」已經出版了八種書，其中《為動物立法——東亞動物福利法律匯編》一書，收入東亞一些國家和地區的有關法律文本，也把英國、德國、挪威的動物福利法律作為附錄放入書中。在編選這本書的過程中，我與 CIWF 的首席執行官 Joyce D'Silva 女士有一些溝通。當時，中國的畜牧養殖業正在迅猛發展，大量動物在飼養、運輸和屠宰過程中遭受嚴重虐待。所以，我與小組成員王培一起，希望推動 CIWF 與中國有關政府部門的合作，改善農場動物的福利狀況。

　　近幾十年，家養動物的概念完全改變了，因為不再只是鄉村社會裡才有家畜飼養。現代工廠式密集飼養場裡，經濟動物被像是產品一樣對待。牠們的動物屬性越來越不被看重。這些數量巨大的動物不再屬於某個家庭，而是屬於工廠一樣的飼養場。這些動物沒有改變，儘管被迫速生速死，牠們仍然是動物，能夠感受疼痛、安適和恐懼。改變的是人對待動物的方式。這些農場動物非常需要關懷，哪怕只是在飼養、運輸和屠宰過程中給予一點仁慈對待。

　　CIWF 聯繫了很多有經驗的動物福利專家、實踐者和教授，希望向中國業者傳授如何在滿足動物基本需求的情況下飼養、運輸和屠宰，以幫助中國相關行業善待經濟動物。當然，這次論壇先從豬的飼養、運輸和屠宰開始，再推廣到牛羊。在CIWF的大力支持下，就有了「2005年生豬屠宰和福利論壇」。

　　在參加論壇的學者和實幹家裡，有一位英國劍橋大學獸醫系動物福利教授 Donald Broom。他在1986年成為世界上第一位動物福利科學的教授，擔任世界動物衛生組織陸地運輸動物福利小組的主席，還做過歐盟動物福利科學委員會的主席。Broom教授極富教養，有英國人的溫和風趣。他在參加會議安排的參觀北京最大生豬屠宰場的活動時，帶了全副深入屠宰場所需的裝備，包括一雙高腰膠靴、一身工作服和一副類似風鏡的眼鏡。他對於屠宰動物的各個環節——如何不使用暴力導引動物到屠宰地，如何使用二氧化碳或電致暈，讓動物在屠宰前快速昏厥，以便動物在無知覺情況下被宰殺等，都極富經驗。他寫的《動物應激與動物福利》是一本很有用的書。

　　但到了屠宰場後，場方沒有安排我們進入生產車間。這些有經驗的專家和實踐者只是沿著這家大工廠為消費者參觀而建的玻

璃通道轉了一圈，看了展板和掛著已經分為兩半的豬屍。至於活豬怎麼進入車間、怎麼被屠宰，根本看不到。我們都很失望，穿著高腰橡膠靴的 Broom 教授當然最失望，他說，我穿著這身衣服和靴子是要進入車間的，可不是在華麗的玻璃通道裡轉悠的。主管者私下跟我說，咱們是自己人，這個地方可不能讓外人進去，因為注水的利潤太大了，企業都這麼做。由此可見，這根本不是技術問題，是人出了問題。對暴利的追求和法律監管的缺失，使人變為非人，讓動物無辜受到殘害。

這就是現實。那麼有利的條件和改善的可能，都被浪費了。狹隘的觀念和暴利的衝動左右著這個領域，監管則嚴重不足。這時候，中國的經濟動物飼養業正在以超過世界平均水準的速度發展著。到 2005 年，中國生豬出欄量已達 6 億多頭，豬肉產量已是世界第一。根據中國肉品協會公布的數字，在 2003 年，中國肉類生產已占全世界總產量的 27%，居世界第一。2007 年，生豬出欄量是 7 億頭。中國早已成為名副其實的肉類生產大國，但是在經濟動物飼養、運輸和屠宰的各個環節，能夠體恤動物處境而加以改善的措施卻少之又少。我們的確太吝嗇，吃用動物卻不為動物著想，壓榨、剝削動物的花樣卻推陳出新。

大概也是這時候，國家開始制定《畜牧法》，要保障肉品安全。據報導，全國人大常委會首次分組審議《畜牧法》草案時，一些常委和畜牧專家主張增加動物福利的內容，所以草案中出現了「國家提倡動物福利；畜牧獸醫行政主管部門應當指導畜牧業生產經營者按照動物福利要求從事畜禽繁育、飼養、經營、運輸等活動」這樣一條。這有益於減少動物虐待，又能夠保障廣大消費者的健康，但到了 2005 年年底，全國人大常委會會議卻建議刪去這條規定，理由是「『動物福利』的含意不夠清楚，法律中以

不使用這種含意不清的表述為妥」。

就這麼一條沒有強制性的規定，也被立法機關建議刪去。我當時在《新京報》寫專欄，馬上寫文章回應。我在文章裡說，動物福利的概念是非常清楚的。它有兩個重要原則：一個是防止動物遭受不必要的痛苦；一個是要滿足動物的基本需要。這兩條原則完全適用於動物飼養、運輸和屠宰等各個行業，而且最終都有益於肉類消費者。在今天的世界上，許多國家無論窮富，都有了與動物福利相關的立法。一些國家有專門的動物福利法，比如挪威、美國、菲律賓等；另一些國家則在相關法律中加入動物福利條款，以防止虐待動物，比如新加坡、馬來西亞、斯里蘭卡、伊朗和幾乎所有歐洲國家；至於防止虐待動物的法律，則早在1822年就已經出現了。

一些國家的相關法律還隨著時代變化不斷修改，以使法律能夠在現代密集式養殖業中對動物加以保護。比如，瑞典近年制定的《牲畜權利法》規定：不能用過於擁擠和窄小的籠舍養雞；在夏季必須把牛放到戶外吃草；豬的欄舍要鋪稻草以滿足其天性。這些規定都是既對動物好也對人好，但在中國卻被看做可笑之事加以諷刺。時至今日，且看看我們國家的豬和其他經濟動物的處境，再看看巨大的食品安全危機，更不要說眾多死豬漂流黃浦江等奇聞了。當初畜牧專家的意見，如果被認真看待，可能就會避免大面積地發生此類事情。

2007年，國務院法制辦發布《生豬屠宰管理條例草案》，徵求公眾意見。既然徵求意見，我就認真寫了建議。這個條例是關於活豬屠宰的，卻沒有對活豬加以界定，而只是對「生豬產品」加以界定，這就有點不對頭了。如果管理者和屠宰者只見生豬產品，而不見活生生的豬，就很難善待這些動物。所以我建議要在

立法主旨中規定「豬是溫血動物」或「人工飼養的哺乳動物」。
另外，這部條例雖已提出屠宰動物應該符合動物福利要求，但缺
乏具體規定。我建議增加具體規定以便操作者遵守：一是對被屠
宰動物要進行隔離屠宰、避免恐懼；二是屠宰前要有致昏措施
（二氧化碳致昏或電擊致暈），盡量在動物沒有知覺後再進入屠宰
程序。這就是無痛屠宰或人道屠宰的基本內容，可以依此制定具
體的操作規範。不要小看了這一點點仁慈。業者如果實行屠宰前
致昏做法，可以大大減輕數億隻豬臨死前的恐懼和痛苦，減少應
激。消費者也可以獲得更健康的肉品。我們早就應該有一部像樣
的仁慈的屠宰條例。

　　制定一個主旨清楚、規定細緻的活豬屠宰法規，將有助於推
動其他較大型動物如牛、羊等的人道屠宰。這也是一個國家擁有
良好治理的體現。可是，這些意見卻沒有一條被接納，這算什麼
徵求意見？只是表面文章走走程序而已。在中國的立法過程中，
缺乏有效的溝通和制約機制，法律制定者的意志決定一切。不難
想像，在這種情況下制定的法律法規，常常會受到行業利益和部
門利益的左右。在動物保護法律上，這一點特別明顯。這的確顯
示出國家治理上的缺陷，為弱者和非人類生命考慮太少，缺乏仁
慈。

五、法律引導人心，善治需要法律

　　陳：您參與推動動保相關法律的修訂，能否談談這方面的努
力？

　　莽萍：看到如此多的虐待動物的狀況，就會想去推動法律的
改變，這應該是很自然的。如果在一個社會，傷害、虐待動物的

成本太低，事實上就會放任甚至鼓勵虐待動物。其實，法律不僅具有懲罰性，還具有引導人心的作用。這一點被我們的立法者大大地忽視了。

我從1997年開始撰文呼籲制定《反虐待動物法》。2002年因為清華大學學生劉某用硫酸、火鹼潑燒北京動物園黑熊事件，又寫了一些文章，述及立法保護動物的迫切性。劉某傷害五頭熊的殘忍行為當時引起公憤，警察在第一時間將他抓捕歸案，公眾也很自然地認為，故意傷害動物是一種犯罪行為。但法律學者們卻發現，在中國法律裡竟然沒有一個適合的罪名起訴劉某，最後只好以毀壞財物罪起訴他。這個結果讓公眾、包括抓捕他的警員都很難理解，甚至感到失望。這本來是一個很好的制定《反虐待動物法》的時機，因為大眾在當時的認知是比較明確的。

陳：結果，錯過了那個時機？

莽萍：是的。記得電視裡一位接受採訪的老人說，你一個大學生去殘害動物，太不應該了，罪過。這是一種很樸素的倫理認知。其實在中國，一直存在一些婦孺皆知的反對傷生害物的基本道理。這些道理歷經千百年傳到今天，是我們社會基本觀念的一部分。這一點從社會大眾對劉某案的態度裡可以清楚地看到。這是保護動物立法的民意基礎。

同樣在2002年，一些深圳的小學生在世界環境日發出稚嫩的聲音，懇請人們善待動物，不要折磨牠們。這些小學生在菜市場裡看到殺雞場地與活雞籠子靠得很近。殺雞人靠近雞籠，雞就很恐懼往後躲。他們又看到殺豬場裡待宰的豬在聽到被殺的豬嚎叫時，都嚇得背對著躲到一邊，有的豬哆嗦到無法走路。所以，孩子們請求「不要在活的動物面前宰殺動物了」。當時，這樣的倡議得到了輿論的積極呼應。

那時候，大規模偷貓偷狗野蠻食用的情況還沒有演成廣泛的違法犯罪，也沒有引致民眾對吃狗吃貓等問題的認知分裂。國際愛護動物基金會當時在中國、韓國和越南做了一次民意調查，詢問人們對待動物的態度。有90%的受訪者認為「我們對盡可能減少動物的苦難負有道德責任」；其中有77%的中國人和韓國人，以及90%的越南人表示「法律應該規定，動物遭受的苦難應該盡可能減少」。一些研究者認為，從調查結果來看，在這些國家為保護動物而立法的時機已經成熟。

但遺憾的是，立法機關並沒有及時回應民意和治理上的緊迫需要，為社會架起一道防止虐待動物和保護人心的法網。立法機構在制定保護動物法律上面的遲鈍與拖延，會對社會和國家的治理造成深層危害。這一點隨著整個社會的日益商業化將愈益明顯。在未來，如果還是遲遲不能為保護動物提供法律保障，殘害動物的暴戾氣息會更加蔓延。而虐待動物的暴戾習氣終究會轉化到傷害人與人的關係。

陳：在修法與立法方面，最近有新的進展嗎？

莽萍：最近幾年，可以看到兩方面的變化。一方面，社會上反對虐待動物、要求為保護動物立法的呼聲越來越高；另一方面，由於食用貓狗現象增多，愛護動物人士開始阻攔野蠻運輸貓、狗的車輛，因而產生一些衝突，引發社會爭議，應不應該食用貓狗，以及是否應該立法禁止食用貓狗等議題成為激烈爭論的焦點。這些爭論從日常生活的現場發展到互聯網上，各種觀點都有，有時顯得很混亂。當然，這與國家沒有及時制定防止虐待動物的法律，從而有效地在法律和道德上指引民眾有很大關係。

不過，今天中國社會對動物保護的認知，確實也已經有了長足進步。最近幾年，越來越多的人大代表、政協委員提出議案和

提案，呼籲立法保護動物，防止虐待。一些法律學者和專業人士也開始關注和介入其中。這些人士的發言和行動，對推動社會公眾對動物保護立法的認知，起到了直接的作用。比如，2009年，一些法律學者和動保學者共同發布了《中國動物保護法（專家建議稿）》。這是一部非官方的動物保護法草案，由中國社科院法學研究所常紀文教授主持的專家組起草。因為其中一些概念引起爭議，它後來改名為《反虐待動物法》專家稿草案。這部草案引起了很大的社會反響，以至於很多人以為中國已經有了這樣一部法律，其實這只是專家學者提出的一個建議案。儘管是這樣，它引發的關注和討論對推進反虐待動物立法有很大的幫助。

2011年3月，針對福建企業「歸真堂」的活熊取膽事件，又有十名法學家聯名提交給全國人大常委會的公開呼籲書，要求盡快著手制定動物保護的法律。他們認為，動物保護法的缺失意味著這一領域中缺乏有效的法律指引，使得大量殘酷對待動物的行為無法被有效地遏制。在此情況下，制定一部保護動物基本利益、禁止所有對動物的不當傷害和殘酷行為的法律，已是急迫而緊要的事務。

2012年2月，活熊取膽企業「歸真堂」無視社會輿論的強烈批評，再次要求上市，這立即引發公眾新一輪的鄙視和憤怒。大陸第一家動物保護公益基金會「它基金」，馬上聯合72位社會知名人士正式致函證監會，反對歸真堂上市。數萬網友則在歸真堂的新浪微博上齊聲喊「滾！」——這是真正來自民間的聲音。在政府不能為保護動物免遭虐待提供正式制度的情況下，自發的民間意見表達、動保組織的活動，還有各方專業人士的參與，更顯得彌足珍貴。他們除了向各種虐待動物的人和事施加壓力，令其有所收斂，也切實地推動著中國的動物保護事業，包括動物保護

立法。當然，在立法這個環節，民意代表有著不可取代的作用。

陳：人大代表能起到何種作用？

莽萍：應該說作用還是很大的。提出制定或修改法律議案是人大代表的重要職責，也是立法的程序之一。近幾年來，幾乎每年兩會期間，都有全國人大代表、政協委員提出關於保護動物立法的議案和提案。僅我知道的，賈寶蘭委員、敬一丹代表在2010年、2011年都提出過。賈寶蘭當時是《讀書》雜誌執行主編，也是我很早前認識的朋友。對社會中存在的虐待動物行為，我們都覺得應該有所作為。我給她一些有關活熊取膽的資料，她認真做了研究，在2010年提出反對活熊取膽的提案，同時還提出了禁止活剝狐狸皮等四項建議。2011年，敬一丹代表聯名35位人大代表提出修改《野生動物保護法》議案。實際上，二十年來，不斷有修改《野生動物保護法》的建議議案。2003年「非典」爆發後，許多人大代表強烈呼籲應全面禁止食用野生動物、盡快修訂《野生動物保護法》。2013年，全國人大代表、南昌航空大學副校長羅勝聯聯名36位人大代表一起提出修改《野生動物保護法》議案，終於被列入全國人大的立法工作計畫。

2015年兩會期間，有更多全國人大代表和政協委員提出議案和提案，要求盡快制定《反虐待動物法》和修改《野生動物保護法》。著名蒙古族歌唱家騰格爾委員提出「國家應盡快實施反虐待動物法」議案。這項議案在兩會官方網站的「提案議案大家談」欄目上一經發布，數天內支持者就達到幾十萬，十天之後則達到令人吃驚的一百多萬。另一位人大代表方孝天提出反虐待動物法議案（含反對食用狗肉建議），網上支持者也達到幾十萬人次。此外，全國人大代表羅勝聯教授特別提出，在《反虐待動物法》制定之前，應盡快修改《中華人民共和國治安處罰法》，將

處罰虐待動物行為的條款納入該法。羅勝聯代表已經連續三年提出修改《野生動物保護法》議案。我跟羅教授有一些接觸，我們對於保護野生動物、修改《野生動物保護法》的迫切性深有同感。

陳：關於《治安處罰法》，要求增訂的處罰內容有哪些？

莽萍：代表提出的主要增補建議是：對於故意對動物造成不必要傷害的虐待動物行為，例如遺棄、餓死家養動物；以活剝皮毛、活燙、活埋、毒殺等方式虐殺活體鳥獸禽畜或在公共場合殘害、暴打、宰殺鳥獸禽畜動物；以在道路上拖行或高空拋摔等方式傷害活體動物；以暴力方法強迫動物進行表演、打鬥、比賽來牟利或娛樂；給實驗動物造成超過實驗需要的傷害、飢渴、不適、驚恐、疾病和疼痛；非規範使用無主流浪動物實驗，並將實驗後動物棄置或買賣；採用密度過高、通風不暢、長時間不提供飲水等方式來運輸動物，致被運輸動物受傷或死亡；以娛樂或盈利為目的，拍攝、製作、傳播虐待動物的書刊、圖片、影片、音像等製品和資訊；分別情節輕重，處以罰款和15日以下拘留。

陳：在《治安處罰法》中增補處罰條款是出於何種考慮？

莽萍：修改《治安處罰法》，把動物保護的內容放進去，是一個新的想法。如果有了一般性的《動物保護法》或《反虐待動物法》，對《治安處罰法》這部分的修改可能也就不需要了。不過，制定一部新法總是很難。在目前情況下，《反虐待動物法》或《動物保護法》還沒有提上立法機構的議事日程，要走出這一步恐怕還需要相當一段時間。因此，通過修改《治安處罰法》來回應動物保護的要求，將虐待動物行為視為違法，加以行政處罰，雖不能完全令人滿意，但是可行性更高。這對推動制定《反虐待動物法》或將虐待動物行為入罪，也應該是重要的一步。

陳：《動物保護法》或《反虐待動物法》立法困難的主因是什麼？

莽萍：動保立法遲緩和困難是個複雜的綜合性問題，這個問題與中國大陸當下的政治、經濟、文化與社會狀況密切相關。單從認識上講，仍有許多人包括立法者在內，還看不到為動物利益立法的必要，甚至認為照顧動物的利益和實現人的利益是彼此矛盾的訴求。我們經常會聽到這樣的說法：「人還顧不過來呢，哪裡還顧得上動物？」或者「人的福利還沒有得到完全保護呢，怎麼能為動物福利立法？」這種觀念雖禁不起推敲，卻成為拖延動物保護立法的有效託詞。其實，為保護動物不受虐待而立法，關注動物福利，在人與動物之間建立更和諧友愛的關係，不僅會養護人心，提升社會的文明程度，也會改進人的生活品質。從世界各國的經驗看，保護動物的權利和福利會促進人權的改善，而忽視動物福利、習慣於虐待動物，往往容易造成對人、特別是對弱者的不公正。可以說，人權與動物權是相互促進的。

造成立法困難的另一個重要原因，與大陸經歷的發展階段有關。過去三十多年，中國社會的主題就是發展，所謂「發展是硬道理」。各地政府競相招商引資，官員升遷也以GDP為最重要的考核指標。在這種情況下，為了發展經濟可以犧牲環境，犧牲勞動者的健康，那犧牲動物就更不在話下了。許多通過殘酷利用動物以謀取商業利益，為降低企業成本而無視動物福利等行為，都因為與經濟發展以及就業和稅收相關，而得到政府的容忍甚至鼓勵。《野生動物保護法》遇到的問題部分也與此有關。

陳：《野生動物保護法》是已經存在的法律，但按您前面的描述，它幾乎是為了促進商業性利用野生動物而設的。

莽萍：《野生動物保護法》是大陸最早也最重要的野生動物

保護立法，但是這部法律的出發點，不是基於野生動物自身的利益和福祉，甚至也不是保護動物棲息地和生物多樣性的完整性，而是人的經濟利益。在立法者眼中，野生動物只是可供人類利用的自然資源，為野生動物立法，就是為了合理地開發和利用這部分資源。立法者的這種認識，同上面說的經濟發展觀念完全一致。

這一方面大大削弱了這部法律保護野生動物的實際效果，另一方面則阻礙而不是促進了這裡所說的動物保護立法。既然野生動物尤其是珍稀野生動物需要保護是因為它們有經濟價值，那麼，那些沒有經濟價值或者經濟價值微不足道的家養動物，就沒有必要特別立法予以保護了。這種區別性對待，暴露出一個重要盲點，那就是沒有把動物，不管是野生動物還是馴養動物，看成是具有高度感知力的生命個體，因此也就沒有對動物的道德關切。在前述劉某虐熊案中，受到傷害的熊僅僅被看成是動物園的財產，加害人只可能因為損害了他人財產而被告訴。出於這種思維，對馴養動物的傷害通常只是財產所有者之間的糾紛，不被認為涉及公益，所以自有民事法解決，而不需要另外立法。

跟上面這些情況相關，我們的社會教育裡嚴重缺乏尊重和關懷生命的內容，動物福利方面的知識也還不夠普及，對人與動物相互關係的認識和理解還很不足。這也是阻礙制定動物保護法律的原因。

但是，也應該看到，中國社會已經發生了很多變化，動物保護立法距離我們越來越近了，儘管仍有各種阻力。

陳：《野生動物保護法》的修訂有何進展？

莽萍：令人欣慰的是，這屆人大終於把《野生動物保護法》的修改納入了立法工作議程。當然，這並不等於修改完成的法律

能夠令公眾滿意。人大代表連續三年提出議案，主要是針對《野生動物保護法》的立法主旨，要求將保護野生動物物種及其棲息地、維護生態系統的豐富與活力列為立法目標，要求禁止大規模馴養繁殖和利用野生動物。其中，禁止食用野生動物的修改建議已經提出十幾年了。羅勝聯代表的第三次議案，還針對法律修訂提出應擺脫行業利益與部門利益制約，遵守國際保護野生動物的相關公約，並建議成立野生動物保護諮詢委員會，增加社會參與。

六、新倫理與舊習慣的衝突

　　陳：大陸有沒有更激烈的動保「直接行動」，例如去破壞屠宰場？

　　莽萍：我還沒有聽說破壞屠宰場的案例，但是有一些私屠濫宰虐待動物的黑窩點因被舉報而被有關部門關閉的案例。近幾年，有些關心動物處境的人士在火車站或高速公路上，攔截運送貓狗到屠宰地去的車輛。它的背景是，從1990年代以來，中國鄉村城鎮普遍出現貓狗被偷、被搶，並長途販運供人食用的情況。越來越多的人能夠目睹那些被強塞進大卡車的貓或狗，一籠一籠一層一層，擁擠不堪，在道路上運輸或在人群密集的集市、郊外被公開屠宰。現場的情況一般都很悲慘。運輸中貓狗因擁擠、驚嚇、挨打和食水無法供應，受傷和患病的情況相當普遍。一些剛剛產下小貓小狗的母貓母狗奄奄一息，小貓小狗則直接掉落在箱籠底部，非常悲慘。是這些慘象逐漸讓公眾意識到事態的嚴重性，並刺激人們想要解救這些處於苦境的生命。2008年有個案例，在南京火車西站，貓販子把盜搶的5,000多隻活貓塞進低矮

木箱竹籠，層疊堆放在站內，等待運往廣州。這些貓的慘叫聲響徹火車站，其中一些貓早已死在籠中，群眾驚恐報警求救。事件被媒體披露後，人們質問國有鐵路怎麼能幫助貓販子做這種傷天害理的事情。

二十多年來，使用毒餌、毒針、毒弓弩、槍械、棍棒、刀具等盜搶抓捕貓狗的犯罪已經越來越嚴重。很多村鎮居民因保護自家動物而被打傷打死。道路出現大量野蠻運輸貓狗與此種偷盜犯罪的聯繫極為密切。而遺憾的是，這種真正傷害人心的犯罪並未引起政府部門的足夠注意，因而引發公眾憤怒並激發人們救貓救狗的不忍之心，衝突常常因此而起。2011年4月15日，幾位愛護動物人士在京哈高速上，看到載有數百隻狗的大卡車，車上的狗慘不忍睹，就開始攔截。運輸現場的慘狀在網上發布後，引發百萬人的轉發和關注，並有數百名志願者聞訊趕到現場救援。他們選擇了報警，要求警方介入。這車狗品種不一，有寵物犬，也有鄉村犬，有的狗脖子上還拴有狗鏈，都備受虐待。中國小動物保護協會和首都愛護動物協會的代表與承運方和委託方交涉。經過僵持和談判，最終動物保護組織與企業合作用錢贖回了這車狗。

此事在網路上引起廣泛的爭論。人們為到底該不該救狗、該不該吃狗，以及高速路上救狗會否造成危險等，爭得難分難解。社會是一個複雜體，許多人還停留在舊時代，以為可以任意對待動物，可以吃狗就可以隨意虐待狗。另一方面，一種由不忍和新的倫理觀主導的人群也成長起來。他們不願意再看到虐待動物者橫行無阻，也不願看到虐殺吃狗現象。這可能與近二十年來城市養犬者越來越多，對狗生發出特別的不忍之情有關。以北京市為例，2009年寵物狗的數量據統計已達100餘萬隻，當年登記註冊的已達到54.3萬隻。現在，北京市養犬數量應該遠遠超過100

萬隻了。由於俗稱「狗稅」的養犬註冊費對於普通市民來說還是太高，許多人不願意去註冊，因而實際養犬人的數量更多。

四一五救狗事件後，除了北京，其他許多省市也都發生了截車救狗或圍堵虐狗販子的事情。攔截志願者一般都會選擇報警，盡量與警方或政府部門合作，請求檢查檢疫證明等，也就是盡量採用合法手段解救備受虐待的狗。從攔截救狗的報導可以看出，在2013年以前，儘管檢疫較鬆，長途運輸狗、貓的販子檢疫證明造假的情況很多。

2013年，農業部下發〈關於進一步加強犬和貓產地檢疫監管工作的通知〉，要求各地動檢機關必須嚴格執行「一犬一證」的規定，以防止有病的個體傳染整批運輸中的動物。這個規定是從保護人民健康、防止動物疾病傳播的角度制定的，旨在防止跨省運輸業者數百隻狗只用一張檢疫證的情況。按照這個要求，恐怕沒有販狗業者持有合法合格的檢疫證明，因為那些來源不明的狗，到哪裡能夠開具檢疫證明呢？從這個意義上說，那些攔截貓狗運輸車輛的行動，防止了大量無檢疫證明的狗隻流入餐桌，結果不只是救狗，還是救人呢！實際上，根據許多獸醫的說法，即使是食用檢疫合格的狗，也有害人的健康。狗必須注射狂犬疫苗，否則不能通過檢疫，但是注射了狂犬疫苗的狗又是不能吃的。可惜，這些道理很多人並不了解，而政府也沒有盡到正確引導的責任。

由於缺乏動保法律，政府公權力又不理會此類傷害動物行為，所以，民間人士才訴諸直接行動。其實，動保人士和支持她們的民眾，也不樂見以攔截車輛的方式來制止虐待動物行動。她們更多是希望國家制定法律來保護動物。從社會需求和國家治理的角度來看，中國確實應該盡快為全面保護動物而立法。

陳：近年來廣西玉林的狗肉節激起了各方爭議。在大陸，食用的狗大多是偷盜來的？

莽萍：在大陸，狗養殖場比較少，許多狗的來源不明。其實養狗並不容易，因為狗是肉食（雜食）和比較兇猛的動物，很難群養。對一些人來說，如果能從鄉村偷到狗，或在城市裡抓到流浪狗，就等於是無本生意。在大陸的狗肉市場上，據調查有相當比率，甚至高達70-80%是無法證實合法來源的。有些養殖場是從養寵物犬轉化來的，比如飼養大丹狗的。大丹狗是北歐一些國家的國犬，體型很大，非常聰明，跟人的關係非常親密。據說一些地方當做寵物犬或護家犬引進後，被養來吃肉。

前幾年，浙江金華湖頭和廣西玉林舉辦狗肉節，都遭到民眾抗議，引起網路聲討。蘆荻老師主持的中國小動物保護協會，曾在網上發起公開投票活動，其中表示「堅決抵制狗肉節！強烈關注將遭厄運的狗」的網友高達92%；贊成「一定要有所行動，阻止這種野蠻的習俗」占34%；同意「狗肉節和吃不吃狗肉跟我沒關係」的網友僅占2%。湖頭政府了解網路投票的情況後，進行了調查，最終決定取消狗肉節，當地大部分村民也支持這個決定。這贏得了民眾和網路民意的好評。

玉林狗肉節引起的爭議更大。隨著吃狗虐狗行為愈演愈烈，激起的衝突也愈發激烈。對玉林地方政府來說，狗肉節已經成了一個燙手山芋。由於國家對食品安全提出了更高的要求，所以，可能不得不對狗肉節有些限制。當然，如果不是徹底禁止就仍然會有業者和食用者。運輸宰殺的情況仍然會很暴力血腥。這等於鼓勵民間的集體暴力狂歡。暴力無論對人還是對動物，它的性質沒有改變，都會給社會帶來極大的負面作用。吉林延吉是另一個吃狗肉比較集中的地方，已在相同壓力下發生了一些變化。照

說，如果連檢疫的基本要求都達不到，那些被盜搶、毒殺的狗根本不應該進入市場。一些民眾即使不反感吃狗肉，但對食品安全還是在意的。隨著養狗居民劇增，會有越來越多的人不願意再吃狗肉。現在，國家越來越重視食品安全，因食品安全禁止食用貓狗一定會提上日程。

陳：吃貓的人多嗎？

莽萍：集中在一些省市，典型的如廣東廣西，其他地方也可能有，但比較少。貓的來源，可能更是流浪貓居多。還沒有聽說有飼養貓作為肉食的。其實，城市流浪貓常常是有人餵養的，可以說是有固定主人的。抓這樣的貓也是侵害餵養人的利益。在上海、北京、天津等大城市，都發生貓販子被群眾圍堵的事件。

陳：在大陸養狗的費用很高？

莽萍：在北京養狗，第一年要交1,000元管理費，以後每年交500元，養狗就要交這筆費用。說是「管理費」，實際也未見收費機關有何管理，更未見這些費用被用來為犬做絕育或宣導管理規則。在北京，1994年最初發布的〈北京市嚴格限制養犬規定〉限定只能養30公分以下的小狗，而且必須去公安局註冊，第一年註冊費5,000元，以後每年2,000元。這麼高的費用等於是不讓人養狗。很多人因為註冊費過高就不去註冊，但不去註冊，管理部門就說這些狗是違法的，查到要被打死。有時候是當街打死，很野蠻。

當時，這個政策引起全國各地城市管理者的仿效，也激起嚴重的反感。一些城市甚至制定了更高的註冊費。像廣州，曾規定第一年註冊費10,000元人民幣。這些帶有懲罰性的規定極為荒唐，也很難執行，於是不繳費的養犬人越來越多，民怨沸騰。據估計，北京市在2000年一年的註冊管理費，就有1億8千萬，但

收了這麼多錢，卻沒有為養犬人做狗的節育和防疫，錢哪裡去了呢？完全不透明，民眾是很不滿的。所以，一些城市陸續開始修改限制養犬的規定或條例。2003年，北京也把限制養犬條例改為養犬管理條例。從「限制」到「管理」是一個改善，但養犬人需要繳的費用仍然不是小數目。另外，因為養犬規定中對狗的身高有限制，所以每過一段時間，有關部門就要查禁違法的大型犬。

據我所知，以前英國人養狗也收費，一些管理者認為收費也許可以增加主人對狗的責任心，就收15英鎊的費用。很多飼主認為這不合理就不去繳。實施了一段以後，管理部門發現通過收費來教育狗主人並不合適，不但沒起到作用，反而使很多飼主乾脆違法。最後英國一些地方管理部門決定，養狗的人如果善待狗，就算合乎法律了；但同時加強了對狗主人的管理，如果你虐待狗，就把你的狗沒收，還會懲罰狗主人。跟英國的例子對照，中國的「狗稅」奇高，但嚴重缺乏管理。近兩年雖然慢慢在調整，但問題還是很嚴重。

七、在爭議中前行

陳：大陸動保人士所關切的議題，還包括哪些？能否請您給讀者一個宏觀的圖像？

莽萍：動物保護團體有各種各樣的，關心的主題從野生動物到各類家養動物，很廣泛。一些動保團體是由救助身邊的貓狗開始，逐步也關注其他動物。例如它基金在成立之初，主要關注流浪貓狗議題，但現在已經擴展到了農場動物、野生動物等等，理念變為「所有動物都重要！」這個改變非常棒。一些社會人士創立的小動物保護團體，也對活熊取膽、獵殺野生動物、動物園動

物遭受虐待等發出反對聲音。這是一個很自然的變化，因為對動物的同情和關注是會擴展的。看到流浪貓狗的處境，也會看到其他動物遭受的不幸。在重大的保護動物問題上，大家的看法比較一致。像自然之友、錦州黑嘴鷗保護協會等較早建立的自然保護組織，都會對毀壞自然環境而危及野生動物的行為提出批評。一些新建立的充滿朝氣的自然保護社團，如自然大學等，也關注此類問題，很有先鋒性。

　　近三十年來，也有很多國際動保機構進入到中國，比如說國際愛護動物基金會、大自然保護協會、自然基金會、亞洲動物基金、野生動物救援、綠色和平等。一些大的動物保護基金會，很注意與中國政府相關部門合作。他們對中國的環境和野生動物的關注，還有他們開展的各種活動，對野生動物保護起到了很積極的作用。其中，對於圈養環境下野生動物受到嚴重傷害等問題的關注，也是一個重要的方向。在這方面，以拯救被禁錮抽取膽汁的黑熊為主要議題的亞洲動物基金，做出了重大的貢獻。我參觀過亞洲動物基金在成都的黑熊救護中心，那裡有良好的設施和管理，是一個非常好的教育場地，到那裡去參觀的人，不管是不是動保人士，都會深受教益。那些被解救的黑熊生活在沒有恐懼的、符合牠們天性的環境中，被照顧得很好。這一點讓人心生感慨。國內很少有哪種動物能夠在人工環境下被照顧得那麼好，包括一些熊貓救護基地。這種工作是極具建設性意義的。其他國際組織，比如野生救援，最近做了許多地鐵廣告，講述長江江豚的瀕危處境；國際愛護動物基金在機場等場所，也有勸導國人不要購買象牙製品的廣告。如果沒有這些圖片或影像廣告，日常生活場景裡更沒有關注地球環境和野生動物的資訊了。

　　單就流浪貓狗的救助來說，從1990年代末期就有了類似於台

灣的「愛心媽媽」，靠自己的力量救助貓狗。幾乎全國各地都有。「愛心媽媽」的處境毫無例外都很艱難。她們一般都是靠個人的力量，為拯救那些被拋棄和受人殘害的伴侶動物忘我工作，投入了一切，直到自己無法支撐。為了找到空間較大的穩定處所，這些救助者常常住在「城鄉結合部」，生活條件艱苦，有時還會受到地方不良勢力的騷擾和威脅。我們的社會和地方政府對這些動物救助者的幫助太少了。

到了2000年前後，出現了一些能夠獨立營運的救助機構，能力上更強大一些，像北京張呂萍創辦的「人與動物科普教育中心」、四川杜玉鳳創辦的廣元「博愛」，以及各地合法註冊的愛護動物協會。有了這類專門的救助機構以後，社會上關心動保事業的人和機構就比較容易捐款、捐物和出力。這些機構或基地不僅救助流浪動物，也收留一些其他來源的動物。2005年前後，據估計，全國各類救助貓狗的大小團體已達100多家，不過能夠生存下來的也不多。今天還存在並營運較好的，很多都由志願者支持；團隊管理較好的，多是一些年輕人組成的動保機構，像大連的「寵愛天下」、「微善」、北京的「水月瑞家團隊」等等。

現在也出現了專門關注某一類動物處境的社團，如關注對皮毛動物的虐待，農場動物被宰殺時所受到的虐待，動物園裡虐待動物的情況等。關注活熊取膽的國內團體也在增多。最近一個呼籲保護候鳥的主題活動「讓候鳥飛」，也引起社會關注，許多年輕人加入其中。這些組織和活動彼此之間也互通聲氣，有時還形成了動員網絡。

陳：通過互聯網所形成的民間網絡？

莽萍：是的。現在通過網路推動動物保護活動很普遍。2012年起步的「讓候鳥飛」辦得比較成功，他們由著名媒體人在網路

上呼籲，聯絡各地的志願者，並跟當地的林業公安合作，去制止架網捕鳥或破壞候鳥棲息地的行為。像這樣的網路社群有很多，議題範圍也比較廣。

　　當然，網路的作用雖大，但要真正發揮這種作用，仍要有實際的推動。我講一個「中國動物園觀察」的例子。2012年年底，媒體報導有14頭非洲小象預備運到中國，其中有4頭已經運送進入國內。但還沒送到就有一頭死亡，另一頭小象在太原動物園，其他兩頭則始終沒有見到。這些小象是野生象，要俘獲這些象，對象群的殺戮和破壞可想而知。但是進口單位卻能獲得管理瀕危動物進出口部門的許可。已經到達太原動物園的那頭小象，情況非常糟糕。我們得知後，立刻委託兩位志願者去觀察，發現牠皮膚搔癢、腹部有腫塊，而且很孤獨。照說牠是幼象，不應該單獨放到動物園裡面。我們通過微博把這些情況發布出來，同時發到有關管理部門，讓他們也了解情況。我們還徵集了全球大象專家的意見，並把治療方案送到有關方面和太原動物園，希望改善這頭幼象的處境。同時我們發動網友致電太原市，要求太原動物園必須改善幼象的環境。現在，太原動物園園長已經換了，幼象的情況也稍微好了一點。可是，牠經歷了多麼可怕的過程？小象必須慢慢變得遲鈍了，才能適應這種過早被剝奪母愛、長途運輸、身體不適和孤獨無助的處境。

　　像這類的活動，正在慢慢地推動一些轉變。可以看到，在救助之外，也有很多社團致力於教育和推動立法。事實上，公眾教育非常重要，動物保護不僅僅是要救助，還要進行社會說服，以取得社會共識。在中國，大大小小數百家的動物保護團體裡面，有比較老式的救助機構，也有新式的救助機構，都會從事一些動保教育，只是後者利用網路的能力更強。無論是救助或是公眾教

育，都還可以按「專項」進一步細分。前面提到的「讓候鳥飛」和「中國動物園觀察」就是具體的、特定的專項，此外還有關注皮毛動物、活熊取膽等各種專項。素食團體我還沒算在裡面。

陳：推動議題的積極分子主要是哪些人？

莽萍：各種類型都有。一種是以活動力比較強的公共人物為中心，由於社會關係較廣、公眾認知度也比較高，所以就形成了核心團體和網絡。像它基金，是由一群著名的主持人創立的，就很有號召力，活動有很多社會知名人士參與，也有著名影星參與。主持「北京人與動物科普教育中心」的張呂萍，也是一位活動力強的公眾人物。當然，還有一種就是志同道合，通常也會有一兩位核心人物，年輕人的團體多是這種形式。

這中間，每個層面都有取得註冊和非註冊的社團。沒有合法註冊的社團，也不能說他們違法，因為中國憲法規定公民有結社的權利。實際上，他們是想註冊卻註冊不了。政府為民間非營利組織和公益團體設置了非常嚴苛的條件，以至於絕大部分的民間動保團體，都沒有法律上的適宜身分。

陳：難以註冊造成了哪些困擾？

莽萍：社會公益團體的發展，除了志同道合、有共同心願的因素外，當然還需要一定的制度保障。社團發展需要募集資金、聘請專業（或專職）人員，如果無法註冊，這些都受限制。沒法註冊，就缺乏合法性，很多事情就做不了。沒有基本的資金保障，就很難維持良好的組織架構。當然，不是有了資金就會有一個運行良好的社團。社團發展也需要監督，要在法律框架內開展活動。但是首先要讓社團出現，有合法身分，他們對於社會的參與和貢獻才能體現出來。比起以前，現在的社會空間是開放了一些，有些動保團體可以爭取到個人或企業支援，多少得到一些運

作資源，但這畢竟不是可持續的經營方式。

陳：即使動保不是政治敏感議題，但對NGO的管制也管到了動保團體。

莽萍：對，制度性保障是不足的，所以很少有團體能發展壯大。各類公益社團凝聚不同的關心社會的力量，可以起到修補公共物品提供不足、紓解社會矛盾、增加意見表達的作用，其實是有益的管道。但這些方面的積極意義，政府至今還沒有認識到。環保和動保團體，由於距離政治還稍微遠一點，仍有一定的發展空間，但運作起來都非常艱苦。

陳：涉及權利議題，或比方說，當環保NGO抗議化工廠時，仍會出現明顯的政治壓力。

莽萍：有時候，不僅是政治壓力，還有來自利益集團的壓力。如果介入到比較深的問題，損害環境或剝削動物的利益集團就會反對，而如果利益集團還動員政府的力量，就會明顯出現力量不均衡，對公益社團會形成壓力。環保如此，動保也是一樣。

陳：從議題的選擇、動員的網絡、參與者的構成等各方面來看，中國動保運動跟其他國家的動保運動比起來，有哪些特殊之處？

莽萍：中國的動物保護運動從一開始就是比較弱小、分散的，社團是自發形成的，受到很大限制。跟其他國家相比，更多了一層制度限制。在同情心與做事情的動力上，我覺得跟其他國家沒有不同，只是可能因為生活環境、教育背景等不同而在做事情的方式上有些差異，關注的目標有時候不夠廣泛。例如，對農場動物的關注不夠，對野生動物及其棲息地破壞的嚴重性了解不足，社團很少有能力設立野生動物救助機構，等等。

目前，中國動物保護團體有個很大的特色，就是年輕人多，

年齡層比較低，城市年輕人參與更多。在這些特點之外，我也注意到，女性參與者要多於男性，比男性更執著也更願意付出。還有，在中國一些少數民族中，可能由於宗教或文化的精神氣質不同，很早就出現挺身而出保護動物的個人或團體，參與者幾乎都是男性。例如，藏族英雄索南達杰，他在1980年代就組織西部工委阻止對藏羚羊的殺戮。在一次同盜殺藏羚羊匪徒的戰鬥中，索南達杰壯烈犧牲。由於天氣寒冷，他死的時候仍然保持持槍射擊的姿態。後來又有扎西達杰組織野犛牛隊保護藏羚羊。叔本華說，生活在亞洲的世界高地上的人們，是最富有同情心的。他說的大概就是藏文化薰陶下的人們。在內蒙也仍然有這樣的傳統，在保護阿拉善、保護東蒙黃羊的事情上，蒙古族牧民是最有感覺的人。他們與自然最為親善，精神上最接近自然之子。

　　在制度環境上，剛剛已經提到，動保團體很少能夠合法註冊。這使得他們發言的力度和能力都受到很大限制。1949年以後，中國的民間組織幾乎完全被破壞，包括傳統社會中大量自發形成的行業組織、會社和地方村社組織。1990年代以後，各類公益社團如環保、動保社團開始出現，很多都做了非常扎實的工作，但在社會發言的層面，影響力還遠遠不夠。發達國家的環保和動保NGO都有更豐富的資源和專職人員，有充分條件發展為強大的社團組織，專業性更強，提出的建議更具有說服力。加之政府在決策過程中習慣傾聽NGO的意見，所以這些國家的NGO可以健康發展，許多都成長為國際性的NGO組織。在中國，這些有利的條件目前都還不存在。但是，也應該看到，中國也正在發生一些變化。在環保和動保問題上，一些政府部門也開始注意傾聽民間團體的意見，至少形式上表現得如此。

　　陳：您引介了不少西方理論資源，包括動物福利、動物權利

等概念。但我注意到，您個人受佛教傳統的影響更大。

莽萍：1949年後，中國人最基本的生活倫理被破壞得非常嚴重。當然，從五四以後就開始反傳統了。從傳統價值來講，儒家至少講不忍，講仁愛、仁心。佛教講不殺生、戒殺，這個從印度傳過來的概念非常重要，擴大了中國人一圈一圈外擴的倫理觀，把不忍之心推到更大的範圍。非殺、戒殺都包含動物生命在裡頭。這個觀念在唐代表現得非常明顯，也體現於當時的制度。有唐一代近三百年歷史中，除了安史之亂，都是實行年三月十戒殺制度，就是每年有三個月、每個月有十天戒殺，禁止打魚也禁止吃肉。我很欣賞佛教的戒殺理念。

今天，影響中國動保人士和組織的，除了來自西方的理念，其實更多的還是傳統文化中的不忍、佛教的慈悲戒殺等。像蘆荻、張呂萍以及數不清的中國愛心媽媽，她們救助了那麼多貓狗，但無論怎麼困難，都不肯像西方救助機構那樣用安樂死的方式處死「多餘」的貓狗。這就是中國的傳統在起作用。無獨有偶，亞洲動物基金對待那些被救助的可憐黑熊，也是一樣。除非是痛苦不堪的熊，都不會做安樂死，而要讓牠們安享餘生。可能也是受到佛教文化的影響吧。

遺憾的是，中國經過現代的革命和社會改造運動，傳統大都失落了。而社會主義社會應該追求的社會正義和制度公平也未建立起來。現在的中國人簡直無所畏懼。誰富誰光榮，誰窮誰混蛋，既不怕所謂的來世，也沒有宗教的關懷和畏懼。宗教都是兩面的，一面講最基本的倫理，另一面是要講懲戒的。在現代社會，宗教的懲戒作用確實下降了，但即使如此，很少社會像今天的中國這樣，人對一切都無所畏懼，內心毫無約束。如果再失去不忍之心，後果真是很難想像，而且不只是對動物而已。因為，

對動物的虐待也直接呈現出整個社會的精神狀態和暴力程度。如果我們想要得救，從保護非人類生命開始做起應該是一個有效途徑。通過善待非人類生命來拯救自己。

陳：台灣有許多佛教徒，也有一定比例的素食人口。在大陸，從不殺生的立場吃素的人多嗎？

莽萍：現在13億人口中，據說有一億多的佛教信徒。據我觀察，近年從佛教徒變成素食者的人在增加。但中國並沒有準確的宗教統計，有些人雖號稱是佛教徒，卻不吃素。比較嚴格的佛教信徒，如果有幾千萬，就已經很了不得了。在現今中國城市裡，素食餐館的確在增加。一些人不信佛教，但願意食素，為了健康而吃素的人不在少數。

陳：佛教影響下的「護生」傳統，是您最常引用的思想資源。此外，您主編了一套書，引進當代西方的動保論說。西方論者主要使用權利、福利等概念，這些語言跟孟子的惻隱之心、孔子的仁、佛家的慈悲戒殺，其實是不太一樣的。我好奇的是，西方資源包括彼得辛格的書、動物福利概念，還有後來的動物權討論等，在中國大陸的影響有多大？您自己立足於傳統資源，也引進西方動保思潮，您如何看待兩者的關係？

莽萍：現代動物保護運動可說是現代性的一部分。這個運動的興起背景，包括大規模工廠式飼養動物、廣泛採用實驗動物、伴侶動物數量激增、肉類消費大幅增長、對動物的商業性利用日益廣泛、野生動物生存環境迅速惡化、野生動物種群數量銳減乃至於物種滅絕，以及在此過程中，各類動物遭受的各種形式的虐待有增無減等現象。也與人們對各種形式的不平等越來越敏感，對不管是什麼形式的生命的苦痛感受力越來越敏銳有關。

彼得辛格的《動物解放》給我的震撼非常大。人類要怎樣冷

酷、殘忍、自私和無情，才會這樣對待動物和自然？人類在許多問題上都有相同的感受和思考，只是表達的方式和採取的路徑不一樣。這意味著，那些看上去不同但實際有著共同關切的思想傳統，其實都是解決當下問題的寶貴資源。

相對來說，西方式的權利話語，隨著西方思想觀念和政治法律的傳播，在中國已經深入人心。而中國的傳統思想資源，出於種種原因，反倒是我們很不熟悉的。所以經常有人批評中國動保人士，說你們做這些事完全是受西方影響。因為表面上看，一些現代的動物保護知識是從西方話語帶來的。但其實，中國的動物保護運動帶有極大的本土色彩，思想資源常常不出儒釋道，所以，講這種話的人實在無知。我後來邀請一些作者撰寫《物我相融的世界：中國人的信仰、生活和動物觀》，就是想把這一點說清楚。當然，這項工作也只是剛開了一個頭，希望日後出現更多更好的研究。

說到底，人類對自身成員和非人類生命的虐待，都會引起不忍和反感，進而引起思考，這是共通的。想要保護弱者、保護其他物種或身邊的動物，也是人心和社會共通的感受吧。

陳：您說「權利」概念對中國的影響很大，對動保運動也是如此嗎？

莽萍：「權利」這種說法，我覺得對中國公民的影響都很大，包括各式各樣的個人權利。媒體報章天天都在講權利，人們也越來越注重保護自己的權利。在這樣的大氛圍下，談到動物保護問題，權利一樣是個很好用的觀念。很多人都會說動物也有不被虐待的權利吧！動物也應該享有能夠保障其天性的生活的權利吧。「權利」觀念也導致NGO在為動物爭取基本利益時，盡量使用現代的語言，包括動物福利、動物權利等。儘管如此，我個人

認為傳統的觀念和說法，比如仁、不忍、惻隱之心、慈悲心等，一定不能忽視。這些觀念有其不可取代的價值和意義。

陳：西方動保名著譯出後，在大學生和大學教師群體中，有後續的討論或研究嗎？

莽萍：在1990年代，倡導動物保護思想的人也好，從事動物救助的人也好，大都感到很孤獨，覺得同道太少，像是在深水裡不見陽光。但2000年以後，我們發現其實不少人都關心動保。動保議題浮出水面後，關心者更慢慢多了起來，有些老師也開這樣的課。在大學的哲學課堂、倫理學課堂，相關討論也就開始增多。不過，這些翻譯過來的書基本都屬於學術著作，不是普級讀物，較少在一般大眾的層面流行。收入「護生文叢」的一些書也屬於這個範疇，作用主要是在哲學和倫理學的大學教育層面。接觸到這些思想教育的人，常常是未來有較大社會影響力的人，我已經看到了這樣的效果。

這些書在一般社會層面的影響還不夠。就說辛格那本書吧，它被翻譯過來後，在中國社會引起的關注度很不夠，遠遠不夠。中國知識界近十幾年陷入左右對立，各持各的立場，互相批評多而互動甚少，往往不能對公共議題進行深入討論，更不要說達成一致意見。很遺憾，至今沒有看到社會裡最重要的知識群體討論《動物解放》這本書。「護生文叢」那套書的各冊首刷3,000本，多數都沒有再刷，最近或許要重新出版，希望更多讀者看到這些書。

陳：辛格的書也只印了3,000本？

莽萍：辛格的書在1999年已經出版，是台灣錢永祥等兩位先生翻譯的，所以不在我編的系列裡面。那本書的印量應該比較大，可能是5,000冊，但顯然也沒有重印。後來，祖述憲先生又將

《動物解放》翻譯了一個新版本，發行數稍多，可能也不過數千本。

陳：從這個角度看，動保運動已經先行，但學界跟得不快。

莽萍：的確，這方面的思想學術研究明顯落後於行動。其中的原因，除了左右分裂使一些重要的公共議題被忽略外，可能也同知識界真正投入這個領域的人比較少有關，當然更可能與大陸研究界對於宏大敘事較有興趣、認為動物保護話題比較微小有關。

陳：中國政府對西方的基金會或NGO很提防。在這樣的局面下，大陸動保團體跟國際動保機構如何互動？

莽萍：中國是一個幅員遼闊、人口眾多的國家，涉及動物而值得關注的問題很多。其中有些問題，比如一些觸目驚心的虐待動物行為，經媒體報導後幾乎舉世皆知。要解決這些問題，只靠生活在這裡的人是不夠的。國際上有很多專業的動物保護團體，不但關注這些問題，也有意願幫助我們解決問題。況且中國動保人士自己擁有的社會資源很少，正需要國際動物保護機構的支援，包括經濟支持。這樣，自然就出現了各種各樣的合作。有一種合作方式很好，就是共同開展某些項目，比如動物保護的公眾教育，交流動保教育理念和訊息溝通。現在這類國際合作比以往增多了，因為現在很多年輕人的英語非常好，他們渴望知識交流，而不僅僅限於經費資助。他們想通過更多的國際溝通，得到更多的動物救助知識和專業技巧，發展出更有效的傳播方式。我覺得這是非常好的互動。中國的這些社團在跟國際動保團體合作時，也逐漸形成了自己的話語。在動物權利與動物福利之外，也有一些中國的本土資源在裡面。國際動保組織也從跟中國動保團體的互動中，得到很多思想啟發。

陳：如果這些機構在大陸設點，當局的態度會是什麼？

莽萍：這個層面就很尷尬。在中國，本土NGO的註冊都那麼難，對國外NGO當然更嚴格。國際機構要在中國設點，名正言順總是很困難的。最近中國政府正在制定《境外非政府組織管理法》，草稿也在徵集社會意見。社會反應很大，因為中國公益組織日益增多，國際交流自然也很頻繁，一些規定如果真的立法實行，可能不利於交流。國際交流增多是一個國家強大以後才出現的情況，但是從《境外非政府組織管理法》的草稿來看，中國政府似乎對自己的強大很不適應，反倒是有點害怕。各類國外的NGO，未來可能都會受到這部法律的影響。

陳：大陸動保團體跟港台動保團體的交流多嗎？

莽萍：有些聯繫，但是整體可能不算多。香港在港英時代，就已經成立了很好的動保組織，也關注大陸的情況。這些年來，隨著兩岸民間互動的增加，跟台灣動保團體也有些知識上的交流。台灣的動物保護社團很能幹，像「動物社會研究會」和佛教的動物保護社團就很活躍，也有做事的能力。我個人也很喜歡台灣的荒野協會。

總的來說，中國大陸的動保運動已經進入到一個新的階段。儘管動保組織和動保活動還是受到很多限制，儘管動保事業的生長環境仍然不是很好，但也已經形成了一定空間，包括有形的和無形的空間。這個空間雖然缺乏制度保障，還不夠大，更不夠強，但要想把這個空間完全收回去，恐怕也很難。

聯經文庫
中國轉型六問：富國強兵之外

2016年1月初版　　　　　　　　　　　　　　　定價：新臺幣290元
有著作權・翻印必究
Printed in Taiwan.

著　　　者	陳　宜　中	
總 編 輯	胡　金　倫	
總 經 理	羅　國　俊	
發 行 人	林　載　爵	

出　版　者	聯經出版事業股份有限公司		叢書主編	沙　淑　芬	
地　　　址	台北市基隆路一段180號4樓		校　　對	吳　淑　芳	
編輯部地址	台北市基隆路一段180號4樓		封面設計	萬　勝　安	
叢書主編電話	(0 2) 8 7 8 7 6 2 4 2 轉 2 1 2				
台北聯經書房	台 北 市 新 生 南 路 三 段 9 4 號				
電　　　話	(0 2) 2 3 6 2 0 3 0 8				
台中分公司	台 中 市 北 區 崇 德 路 一 段 1 9 8 號				
暨門市電話	(0 4) 2 2 3 1 2 0 2 3				
台中電子信箱	e - m a i l：linking2@ms42.hinet.net				
郵 政 劃 撥 帳 戶 第 0 1 0 0 5 5 9 - 3 號					
郵 撥 電 話	(0 2) 2 3 6 2 0 3 0 8				
印　刷　者	世 和 印 製 企 業 有 限 公 司				
總　經　銷	聯 合 發 行 股 份 有 限 公 司				
發　行　所	新北市新店區寶橋路235巷6弄6號2樓				
電　　　話	(0 2) 2 9 1 7 8 0 2 2				

行政院新聞局出版事業登記證局版臺業字第0130號

本書如有缺頁，破損，倒裝請寄回台北聯經書房更換。　　ISBN　978-957-08-4670-6 (平裝)
聯經網址：www.linkingbooks.com.tw
電子信箱：linking@udngroup.com

國家圖書館出版品預行編目資料

中國轉型六問：富國強兵之外/陳宜中著 .
初版 . 臺北市 . 聯經 . 2016年1月（民105年）.
240面 . 14.8×21公分 . （聯經文庫）
ISBN 978-957-08-4670-6（平裝）

1.中國大陸研究 2.訪談 3.文集

574.107   104028347